RUDOLF KOBI

Khao Lak Entdecken

Kompakt

First published by Rudolf Kobi in 2017

Second Edition

ISBN: 978-3-033-06237-5

This book was professionally typeset on Reedsy.
Find out more at reedsy.com

Contents

Vorwort des Autors

Thailand ist – und das zu Recht – ein beliebtes Reiseziel. Für jeden, vom Backpacker über Tourist bis zur Familie hat es viel zu bieten. Feines Essen, saubere Strände, phantastische Landschaften bis zu angenehmem Wetter und auch kulturelle Plätze - und nicht zu vergessen die netten Menschen. Man könnte sagen: die ideale Feriendestination!

Es gibt einige Reiseführer für Thailand – auch für den Süden und das beliebte Phuket … aber Khao Lak ist in den meisten nur am Rande erwähnt. Ein echtes Defizit. Hier ist nun also ein Reiseführer, der das behebt und nur Khao Lak und Umgebung behandelt. In diesem Führer findet man über 100 Ausflugsziele und Tipps zu Khao Lak und direkter Umgebung. Nach der Erstauflage letztes Jahr wurde er komplett überarbeitet, erweitert und um Karten ergänzt. Er ist allerdings immer noch in schwarz-weiss … der Preis, den man für dasselbe in Farbe verlangen müsste, würde 30 Euro übersteigen.

Auf was für einer Grundlage schreibe ich diesen Reiseführer? Ich besuche dieses wunderbare Land seit über 20 Jahren, die letzten Jahre davon hauptsächlich Phuket und Khao Lak. Während ich anfangs alleine unterwegs war, reise ich inzwischen mit der Familie – samt Kind, deshalb kommen hier auch Tipps fürs Reisen mit Familie / Kindern – aber weniger für Backpacker.

Im Buch gebe ich eine Übersicht über Khao Lak und Umgebung,

behandle die allgemeinen Attraktionen in Thailand (die es natürlich auch in Khao Lak gibt), dann die für Khao Lak und Umgebung spezifischen Attraktionen: sowohl die angebotenen Touren, als auch Selbstfahrer-Touren und Ausflugsziele. Ich gehe nicht auf spezielle Tourenanbieter ein, da viele gleiche oder zumindest ähnliche Touren anbieten. Dasselbe gilt für Hotels, von denen es unzählige sehr schöne gibt. Dafür wurden die Restaurant-Empfehlungen erweitert - aber da gäbe es noch so viel mehr ... Weiter hinten im Buch finden sich allgemein nützliche Informationen zum Besuch, wie eine kurze Liste Do's and Dont's, Hinweise zum Verkehr, Zoll, Notfalladressen, sowie etwas Thailändisch für Touristen.

Ich hoffe, dass Euch dieser Reiseführer nützlich ist und sich im praktischen Einsatz bewährt. Da er ein Werk im Aufbau ist – und noch erweiterbar / änderbar, freue ich mich auf Feedback und Anregungen unter ruco.kobi@gmail.com

Viele Grüße und schöne Ferien wünscht Euer
Ruedi

Sonnenuntergang bei Khao Lak

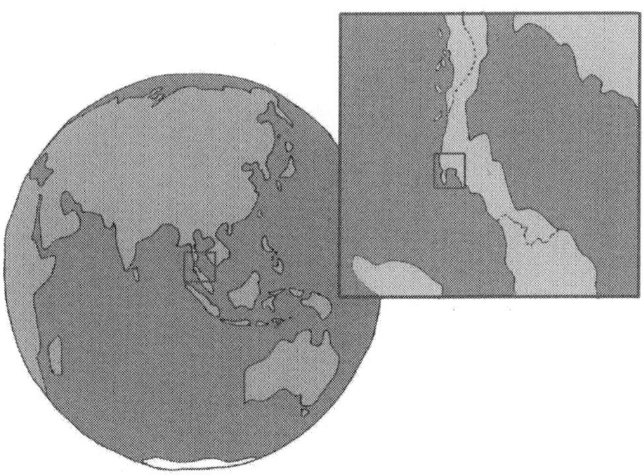

Wo in aller Welt liegt Khao Lak? In Thailand!

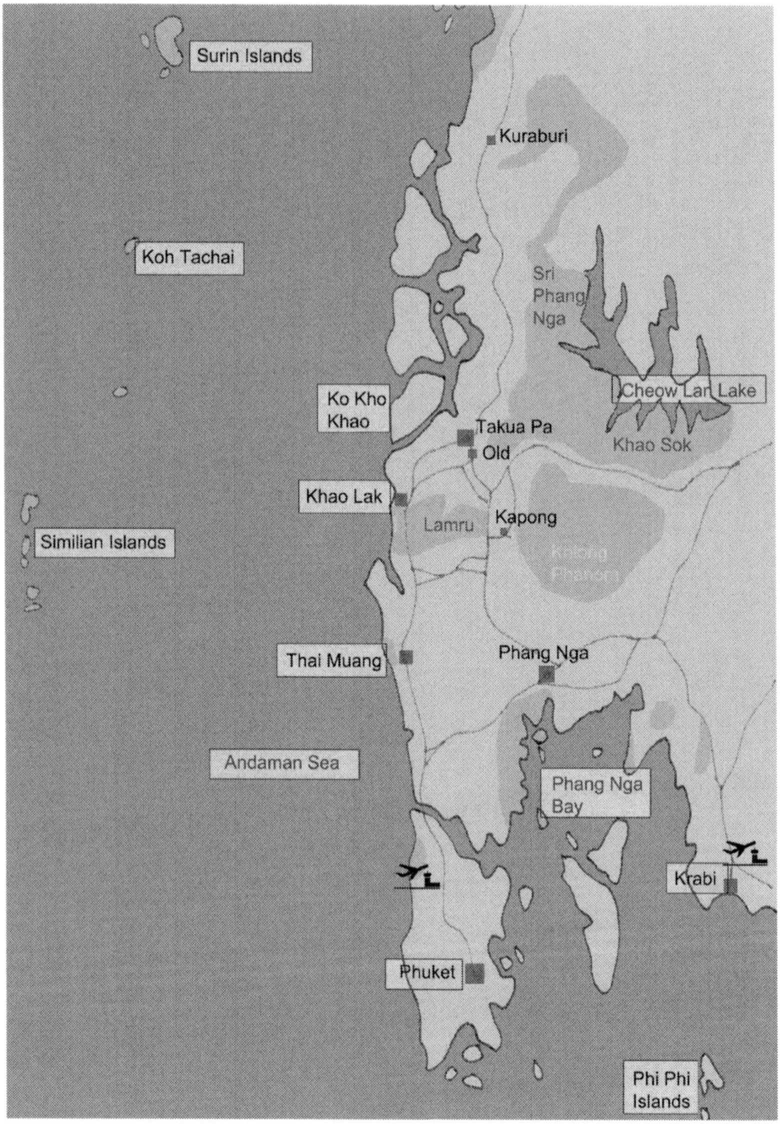

Übersichtskarte Umgebung Khao Lak / Phuket

I

Eine Übersicht

Viel zu spät begreifen viele die versäumten Lebensziele:

Freuden, Schönheit und Natur,
Gesundheit, Reisen und Kultur.
Darum, Mensch, sei zeitig weise!
Höchste Zeit ist's! Reise, reise!

Unbekannt

Khao Lak

Khao Lak ist nicht *ein* Ort, sondern **eine Reihe kleiner Ortschaften** entlang der Hauptstraße 4 im Takua Pa Distrikt der Phang Nga Provinz im Süden Thailands.

Heute lebt Khao Lak vor allem vom Tourismus. Es ist aber im Gegensatz zu Phuket bei weitem nicht so überlaufen vom Massentourismus und hat sich an vielen Orten seinen thailändischen Charme bewahrt und bietet viele Plätze, die einfach entdeckt werden wollen.

Der Name „Khao Lak" meint „Berg Lak". Bei diesem handelt es sich um die Haupterhöhung der sonst schon hügeligen Region. Aber auch dieser „Berg" hat nur eine Höhe von 1050 Metern. Er liegt im Khao Lak Lam Ru National Park.

Es hat **sieben Nationalparks** innerhalb eines Gebietes von 70 km rund um Khao Lak (die im Meer inbegriffen). Die Küste mit ihren goldenen Sandstränden ist eine der schönsten in ganz Thailand. Im Hinterland findet sich Regenwaldbedeckte Hügel, Mangrovenwälder und Karstgestein mit unglaublich anmutenden Aussichten. Vor der Küste liegen die Korallenriffe der Inselgruppen Similan und Surin, wo man mit wilden Schildkröten und Mantas tauchen und schnorcheln kann.

Khao Lak ist bekannt für sein ruhiges Ambiente und ist Ausgangspunkt für Tauch- und Schnorchel-Ausflüge zu den Similan und Surin Inseln. Es unterscheidet sich von Phuket durch seine ruhigen, besserklassigen Hotels, nicht überlaufenen Strände, einem familienfreundlichem Nachtleben und lokalen Bauvorgaben, die den Bau von Gebäuden die höher als eine Kokos-Palme sind verbieten ... wodurch Khao-Lak nur in die Breite wächst, aber nicht in die Höhe.

Strände und Ortschaften

Khao Lak Beach

Dies ist der südlichste Strand, er liegt südlich vor dem **Hügel Lak**, über den die Straße 4 führt. 700 m lang, eingebettet vom **Lam Ru Nationalpark** mit dem Khao Lak River auf der rechten Seite und flachen Felsen auf der linken Seite.

Nang Thong Beach

Der Strand liegt beim Ort **Bang La On** das oft (fälschlich) Khao Lak genannt wird und das „Zentrum" der Khao Lak Region ist. Es ist auch der touristischste Ort mit den meisten **Shops und Restaurants** (und Schneidern, Kunstgalerien und natürlich Tauchzentren ...). Je weiter nördlich, oder südlich, desto weniger touristisch und mehr „thailändisch" wird es. Der Strand ist ca. zweieinhalb Kilometer lang und durch **Felsenketten** unterteilt, die teils bis zu 45 m in die Andamansee ragen. Die Felsformation Nang Thong (Goldene Frau) gab dem Strand den Namen. Während der Monsunzeit kann man hier wegen der Wellen nicht schwimmen. Im Norden wird der Strand durch den Bang Niang River eingegrenzt, durch den man bei Ebbe waten kann.

Bang Niang Beach (hier ist unser Hotel)

Der Strand beim Ort **Bang Niang** liegt zwei bis drei Kilometer nördlich von Bang La On. Hier hat es die meisten **Bars** und ein aktives **Nachtleben** mit Disco und Cabaret. Thailänder kaufen hier morgens im "**fresh market**" ein und gehen abends auf den **Nachtmarkt**. Der Strand hier ist weitgehend felsenfrei und dank dem vorgelagerten Korallenriff ist das Schwimmen fast immer möglich, selbst während der Monsunzeit.

Khuk Khak Beach

Der Strand beim gleichnamigen Ort Khuk Khak, zwei bis drei Kilometer nördlich von Bang Niang. Das Dorf ist der **Verwaltungssitz** der Gegend und es gibt kleine Läden, **Post, Polizeistation und Tankstelle**. Der Sandstrand ist flach abfallend, ca. acht Kilometer lang und wird durch zwei Flüsse unterteilt. Am Süden grenzt er an das Coral Cape (Laem Pakarang), ein Land-Vorsprung ins Meer.

Laem Pakarang (Coral Cape)

Der Sandstrand mit feinem Sand liegt in einer Bucht die von einigen **Felsenketten** unterbrochen wird. Hier sollte man Badeschuhe tragen wegen den **Korallenstücken** im Sand – und weil es hier **Stachelrochen** gibt. Bei Niedrigwasser schaut eine ausgedehnte Korallenplatte heraus. Wer **Surfen** will findet hier ganzjährig die besten Plätze.

Bang Sak

Ein weitgeschwungener und abfallender Sandstrand, auch mit Korallenstücken im Sand.

Alle diese Strände sind **öffentlich** (wie alle Strände in Thailand). Die Hotels haben auf ihren Anlagen Sonnenschirme und Liegen, aber der Strandstreifen ist mehrheitlich frei und für alle da.

Da dies öffentlicher Grund ist, sind viele der bei Touristen beliebten Massagehäuschen und auch kleinen Beizen direkt am Strand illegale Bauten. In den letzten Jahren kam es gelegentlich vor, dass die Armee oder die Polizei diese von Zeit zu Zeit räumen und abbauen liess ... was bisher aber nie lange angehalten hat.

Khuk Khak Beach

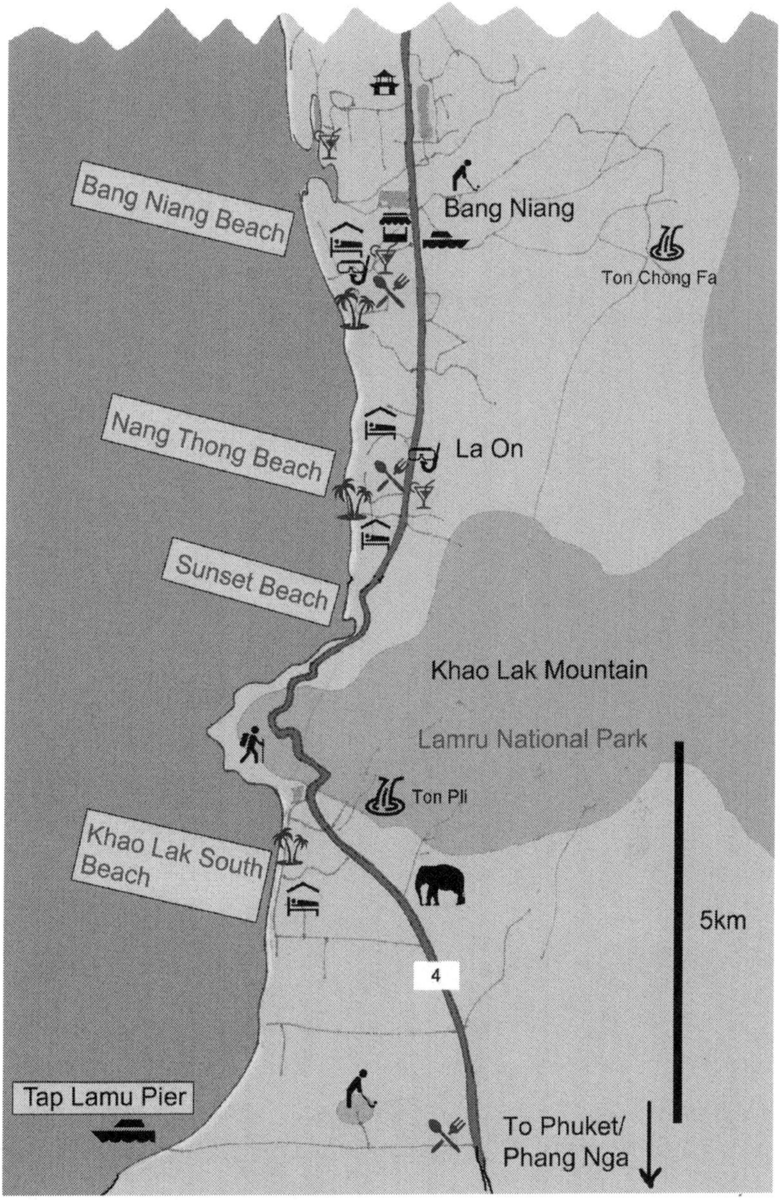

Khaolak südlicher Teil

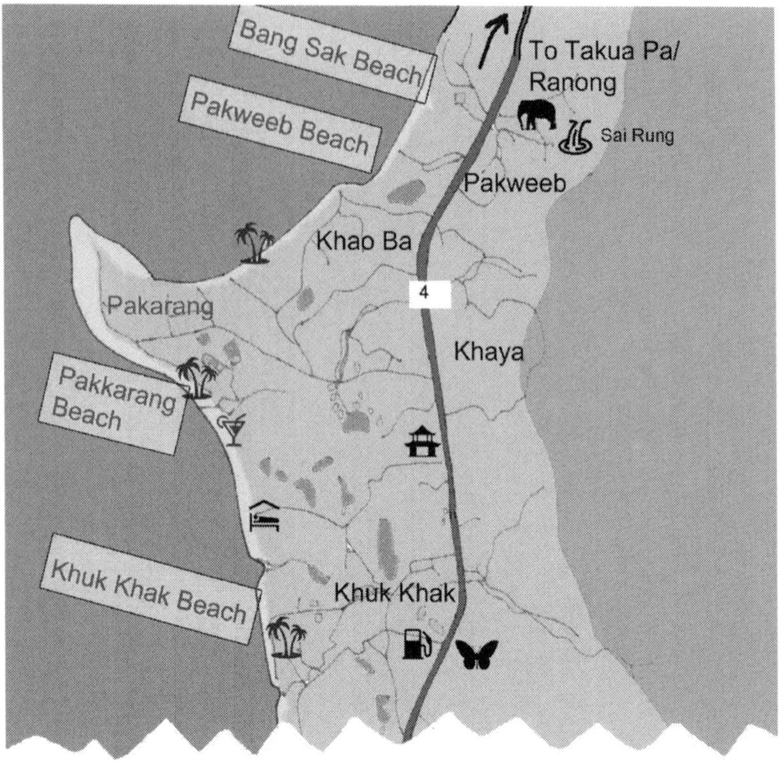

Khaolak nördlicher Teil

Orientierung

Wer „Khao Lak" sagt, kann irgendeinen dieser Plätze meinen, obwohl sie sich insgesamt über 25 km entlang des Meeres erstrecken. Das erschwert die Kommunikation gelegentlich und wer sich treffen will, sollte genauere Angaben machen: Welcher Strand? Welche Ortschaft? Am Meer? Am Highway 4?

Selbst die Post-Adressen (zum Beispiel der Hotels) sind nicht sehr aussagekräftig. Irgendwie haben sie alle nur "Phang Nga" und "Moo XYZ" drin, sowie seltsamerweise meistens Khuk Khak – selbst wenn etwas ganz unten am Nang Thong Beach liegt. Wahrscheinlich, weil das der Verwaltungsbezirk ist.

Aus diesen Gründen habe ich hier im Buch statt der Adressen von Attraktionen die *Beschreibung des Ortes* und zusätzlich *die Koordinaten* im Dezimalgrad (DG), die Google liefert und als GMS (In Grad, Minuten, Sekunden) angegeben – **für den Gebrauch in Navigationsgeräten.**

Art Breitengrad / Längengrad

DG 8.65112 / 98.25252

GMS N 8°39'4.032'' / O 98°15'9.072''

Mit dem QR Code oder dem Link: goo.gl/ZQHKYm kommt man zu einer **Googlemaps Karte, in der die im Buch erwähnten Punkte eingetragen sind.**

zur Google Karte mit allen Punkten

Klima

Khao Lak unterliegt dem Einfluss von zwei Monsun-Winden, die saisonal auftreten: dem Südwest Monsun und dem Nordost Monsun. Der Südwest Monsun beginnt im April, wenn ein Strom warmer und feuchter Luft vom Indischen Ozean ziemlich viel Regen bringen kann. Er endet im Oktober, der Khao

Laks nassester Monat ist. Die späteren Monate, die unter dem Einfluss von Nordost-Winden aus China liegen sind viel trockener. November bis März gelten deshalb als Trockenzeit. März ist dabei der heißeste Monat.

Aus Touristensicht ist die Trocken-Saison (zwischen Oktober und Mai) ideal um Khao Lak zu besuchen, wobei man sagen muss, dass es auch an einem „Regentag“ nicht wirklich schlecht ist. Es regnet meist am späten Nachmittag/frühen Abend und auch dann oft nur kurz. Die Regengüsse treten oft nur sehr örtlich begrenzt auf – all das verfälscht die Statistik, deshalb ist die Angabe der Anzahl Regentage irreleitend.

In der „Low Season“ – also der Regenzeit, erhält man Flug und Unterkunft oft zum Schnäppchenpreis, dafür sind (unabhängig vom Wetter) viele sonst belebte Orte nicht nur einsam, sondern geschlossen. Das gilt für Restaurants, Shops als auch für touristische Ausflugsziele. Für Tauchausflüge ist es von Vorteil, wenn man vor einem Aufenthalt in den Monaten Mai bis Oktober bei einem der Anbieter online deswegen anfragt.

Klimatabelle

	Jan	Feb	Mar	Apr	May	Jun	Jul	Aug	Sept	Okt	Nov	Dez
Maximal-temperatur (°C)	33	34	35	34	33	32	32	31	31	32	31	31
Minimal-temperatur (°C)	21	22	23	24	24	24	24	24	23	23	23	22
Nieder-schlag (mm)	33	36	68	205	527	406	452	478	582	476	250	48
Regen-tage	4	4	7	15	24	23	21	23	24	22	16	6

Zeit

Thailand ist der mitteleuropäischen Zeit (MEZ) während der Winterzeit 6 Stunden und der Sommerzeit 5 Stunden voraus, das bedeutet: zu unser Zeit werden die Stunden dazu addiert. Auf dem Hinflug „verliert" man diese Stunden, auf dem Rückflug „gewinnt" man sie wieder dazu.

Anfahrt / Ankunft

Khao Lak liegt etwa 80 km nördlich von Phuket und die Mehrheit der Besucher erreicht es im Normalfall nach der Ankunft auf dem Flugplatz in Phuket und einem Transfer (mit Hotelbus, Minitaxi oder Mietwagen) via die Sarasin-Brücke auf dem Highway 4 – einer der Hauptverkehrsrouten durch Thailand. Dauer: etwa eine Stunde.

Phuket Airport

Nach Bangkok ist das der zweitwichtigste Flugplatz in Thailand, jährlich werden inzwischen über 14 Millionen Passagiere durchgeschleust. Dabei ist der Ort an dem der Flugplatz liegt bemerkenswert: direkt hinter dem **Mai Khao Strand**, über den in der Hochsaison, wenn der Wind vom Osten kommt auch angeflogen wird. Gestartet wird dann über die wunderbare **Phang Nga Bucht**. In der Niedrigsaison/Regenzeit ist es umgekehrt.

Der Phuket Airport besteht seit September 2016 das neue Flughafengebäude geöffnet hat aus 2 Terminals. Das alte

Flughafengebäude (das etwas heruntergekommen aussieht und renoviert wird) wird als Domestic Terminal weiterverwendet. Ausländische Besucher kommen im neuen Gebäude an. Zum Glück wurde auch die Immigration ausgebaut, sodass es (hoffentlich) nicht mehr so lange dauert, wie beim alten Gebäude. Trotzdem ist es gut, wenn man vorbereitet kommt – und die Arrival und Departure-Karten schon vor der Landung ausgefüllt hat. Nach der **Immigration**, bei der ein Foto von einem gemacht wird, findet man in der langen Halle 5 Gepäck-Karusselle, diverse Schalter, **Informationsstände, Geldwechselstände, ATM-Maschinen** (beides nicht mit den besten Kursen) und Stände an denen man lokale **SIM-Karten** kaufen kann. Die **Autovermieter** Avis, Alamo, National und Hertz haben Schalter in der Ankunftshalle. Budget und andere haben ihre Büros außerhalb oder der Stand ist (noch) vor dem alten Flughafenterminal.

Abflug / Departure: Auch wenn der neue Flugplatz ziemlich kompakt ist und es einfach ist, sich darin zu orientieren, ist es trotzdem von Vorteil früh genug da zu sein. Zwei Stunden vor einem internationalen Flug sind das absolute Minimum ... empfohlen werden drei Stunden. Bei Inlandflügen (im alten Terminal) reichen ein bis zwei Stunden. Da anfangs Unsicherheit herrschte, von welchem Terminal man abfliegt (vor allem bei Flügen via Bangkok), sollte man vor der Ankunft am Flughafen auf sein Ticket schauen oder beim Reisebüro anfragen. Terminal 1 ist der neue Flugplatz, Terminal 2 der alte. Ansonsten muß man das Terminal wechseln – was zu Fuß geht, oder mit einem Shuttlebus, was dauern kann.

Es hat beim Abflug in der Wartehalle des neuen Terminals **Souvenirshops** und kleine **Essenstände** oder Kaffees.

vom Flugplatz nach Khao Lak

Ein Taxi vom Airport nach Khao Lak kostet 1'000-1'600 Baht. Je später man ankommt, desto teurer wird die Fahrt. Ganz übel ist es, wenn man morgens um 3 Uhr einfliegt.

Die meisten Besucher werden jedoch sowieso vom **hoteleigenen Bus** oder Minivan abgeholt.

Man kommt natürlich **mit dem öffentlichem Verkehr** nach Khao Lak: zwischen Phuket und Khao Lak verkehren öffentliche Busse. Dafür muss man jedoch erst auf den Highway 4 kommen – und der ist fünf Kilometer vom Flugplatz entfernt. Taxi oder Motorbike-Taxis bringen einen hin, brauchen aber ein bisschen Überzeugung, da Kurzstrecken zu günstigeren Verkehrsmitteln nicht gerne genommen werden. Am Highway 4 nimmt man einen Bus in Richtung Takua Pa, Ranong oder Surat Thani. Alle halten auf Anfrage in Khao Lak oder wo man will entlang der Straße. Ein Busticket kostet für die etwa 80 km zwischen 80-100 Baht.

Am Flughafen lassen sich **Autos mieten**, womit man selbst problemlos auf Khao Lak kommt. Der Weg ist denkbar einfach: vom Flughafen aus auf die Straße 402, nach Norden, weg von Phuket. Dann bei Verzweigungen immer links halten (an der Küste entlang) – bis auf diese *eine* Verzweigung im Dorf Thai Mueang ... dort geht die Straße nach rechts, auch wenn es aussieht, als sollte man geradeaus – verpasst man diesen Abzweiger, landet man auf der hübschen Strandstraße, die eine Sackgasse ist.

Nachdem man kurvenreich einen Hügel überquert hat (den Lak), ist man in Bang La On – dem eigentlichen Herz der Khao Lak Region.

Die Orte von Khao Lak liegen entlang dem Highway 4, der hier Phetkasem Road genannt wird, zwischen der Küste und dem bewaldetem Hinterland. Nicht gerade ideal für Ausflüge sollte man denken – man irrt sich.

Transport in Khao Lak

Als Fußgänger

Als Fußgänger hat man es nicht einfach in Thailand – und das gilt auch für Khao Lak. Viele Gehsteige sind in schlechtem Zustand, man muss praktisch immer mit Löchern, (halb-)offenen Kanalisationsdeckeln, losen oder hervorstehenden Steinen rechnen. Strommasten, Signalmasten und anderes können mittendrin angebracht sein. Die Gehwegkanten sind unterschiedlich hoch und häufig einiges höher als in Europa.

Beim Laufen ist also Konzentration angesagt und – falls man einen Kinderwagen dabei hat – ist das etwas anstrengender als bei uns, aber trotzdem gut machbar.

Sehr abenteuerlich gestaltet sich das überqueren der Straße. Für uns kommen die Autos grundsätzlich von der falschen Seite und Fußgängerstreifen dienen hier anscheinend mehr der Dekoration – die wenigsten Autofahrer halten da an, um einen Fußgänger hinüber zu lassen.

Taxis / Tuk Tuks / Tourenanbieter

Wer Khao Lak und Umgebung erkunden möchte - aber kein Auto gemietet hat, weil er sich das Selbstfahren nicht zutraut oder keine Lust darauf hat - ist auf Taxifahrer oder Tourenanbieter angewiesen.

Obwohl die **Preise** in den letzten (15) Jahren angezogen haben, sind sie immer noch moderat genug, dass man sich das gut leisten kann. Taxifahren ist hier im Süden teurer als in Bangkok, dafür schleppen sie einen auch nicht von Souvenirshop zu Souvenirshop oder versuchen einen von der Wunschdestination mit Aussagen wie „Tempel heute geschlossen" (stimmt eigentlich nie) umzuleiten. Die Taxifahrer hier sind zahlreich und im Normalfall auch freundlich und nicht sehr aufdringlich ... ein einfaches Kopfschütteln reicht, wenn man mal wieder beim Spaziergang angesprochen wird, ob man ein Taxi braucht. Vor den großen Hotels hat es im Normalfall einen Taxistand, vor allem wenn das Hotel eher abgelegen liegt.

Die meisten Fahrer haben fixe Preise für oft angefahrene Ziele und Strecken im Kopf, z.B. für Flughafentransfers (um die 1500 Baht) oder zum Markt bei Bang Niang (300 Baht von Ban La On oder Khuk Khak für bis 4 Personen).

Für längere Touren gibt es zwei Preismodelle, die man (vorher) mit den Fahrern verabreden sollte:

- Stundenpreis: Zum Beispiel 2000 Baht für 4 Stunden, danach 500 Baht pro Stunde – abhängig von der Distanz.
- Festpreis für den gesamten Ausflug: z.B. 2500 Baht für die 3-Tempeltour: Bei vorexistierenden Touren ist oft noch Essen, Eintritte und (englisch- oder deutschsprachige) Führung dabei, weshalb das lohnen kann.

Songthaew

Ein Songthaew ist eine Art öffentliches Taxi, das auch viele Einheimische benutzen um herumzukommen. Es sind Pickup-Trucks verschiedenster Farbe mit zwei Reihen Sitzen hinten auf der Ladefläche, gedeckt mit einem Dach aus einem dünnen Metall (oder Holz) und teils Plastikabdeckungen auf den Seiten.

Songthaew

Tagsüber sieht man sie auf dem Highway 4 häufig auf- und abwärts fahren. Wenn man mitwill, signalisiert man ihnen und sie halten an. Man nennt das Ziel und der Fahrer sagt, ob er dahin fährt. Eine kurze Strecke (zum Beispiel von Bang La On bis Bang Niang) bekommt man schon für 20 Baht pro Person. Eine längere Strecke wie von einem Ende Khao Laks bis zum anderen kosten etwa 50 Baht pro Person. Wenn man unterwegs anhalten will, drückt man den „Buzzer" oder schlägt mit der Hand auf das Dach. Man zahlt bei der Abfahrt.

Nach Sonnenuntergang scheinen die Songthaews mehrheitlich zu verschwinden. Außerhalb der Tageszeiten fungieren die Songthaews wie normale Taxis ... das bedeutet man muss vorher einen Preis verabreden ... und der kann einiges teurer sein. Aufgepasst, ob man einen Gesamtpreis für alle verhandelt, oder pro Person.

Hotelbusse

Abgesehen davon, dass die Transfers vom und zum Flughafen in den meisten Hotelpauschalen inklusive sind, offerieren viele Hotels (vor allem die grösseren, abgelegenen) gratis Transport zu bestimmten Zeiten – man frage an der Rezeption. Ausserdem bieten manche Restaurants gratis Pickup an wenn man bei ihnen isst ... und nicht zu weit entfernt wohnt.

Öffentliche Busse

Thailand verfügt über ein gutes Bussystem, welches von der Transport Company betrieben wird. www.transport.co.th

Man kann Thailand problemlos nur mit dem Bus bereisen: entweder mit den einfachen **Linienbussen**, die an jeder Landstraße halten, wenn einer winkt- oder in den gut klimatisierten **VIP Bussen** mit Schlafsitz. Die VIP Busse können in Baw Khaw Saw (BKS) - Bushaltestellen gebucht werden. Viele Orte besitzen eine solche Busstation (auch Khao Lak). Die klimatisierten Busse stoppen nur, wenn sie noch Sitzplätze frei haben oder wenn man Tickets gebucht hat (beim Reisebüro möglich). Es empfiehlt sich deshalb, diese vorab zu kaufen und den Platz im

Bus zu reservieren.

Der BKW Bus-Stopp liegt nördlich von Bang Niang hinter einigen Gebäuden an der Khao Wang Road. Die Busse hier fahren an die Morchit Station in Bangkok und machen auf der Fahrt viele Stopps: bei Takua Pa. Khuraburi, Ranong, Chumphon und mehr. VIP ist ca. 900 Baht, dauert 12 Stunden, First Class ca. 600 Baht und 13 Stunden, 2nd Class kostet nur ca. 450 Baht und dauert 15 Stunden.

Der Bus-Stopp für die Linienbusse liegt südlich dem Khao Lak Beach beim Thap Lamu Pier. Die Busse nach Takua Pa und Phuket stoppen hier und nehmen stündlich in jede Richtung Passagiere auf. Nach Takua Pa kostet es 40 Baht und dauert 35 Minuten, nach Phuket kostet es 80 Baht und dauert ca. 1.5 Stunden. Diese Linienbusse zwischen Takua Pa oder Phuket und Bangkok fahren auf dem Highway Nummer 4 durch Khao Lak und man kann sie überall mittels Handzeichen anhalten und zusteigen.

Mini-Busse oder Vans

Minibusse kosten mehr, bringen einen aber schneller und meist ohne Zwischenstopps zu den Destinationen. Sie können in den lokalen Reisebüros gebucht werden und die Abholung beim Hotel ist meist gratis. Der Minibus nach Phuket und Patong fährt zweimal täglich für 800 Baht pro Person.

Fahrzeuge mieten: Auto, Motorroller, Fahrrad, E-Bike

Mit einem Mietfahrzeug ist man wirklich flexibel und unabhängig und wer sich den thailändischen Straßenverkehr (und Linksverkehr) zutraut, dem sei das empfohlen. Motorräder, Motorroller und Autos können an vielen Stellen in Khao Lak ohne Schwierigkeiten gemietet werden. Wer von zu Hause aus bucht, kann sein Auto auch gleich am Flugplatz in Empfang nehmen und selber nach Khao Lak hochfahren, ohne auf die Sammelbusse angewiesen zu sein.

Autos

Mehrere internationale Autovermietungen und ein paar lokale haben Mietstellen **auf Phuket**: Avis, Sixt, Budget, Hertz, Europcar, Thai Rent a Car etc. Die meisten haben Mietstationen direkt im und am Flugplatz. Budget und auch die lokale Agentur Thai Rent a Car haben auch in Khao Lak selber eine Station.

Es kann gut sein (vor allem in der Hochsaison), dass es kurzfristig Probleme gibt, weil keine Autos verfügbar sind oder sie aus Phuket hochgebracht werden müssen – deshalb ist es manchmal günstiger das vorherzubestellen oder unten in Phuket zu buchen, auch wenn die Autos dann zu einem ins Hotel gebracht und/oder abgeholt werden.

Ich würde davon abraten ein Auto am Straßenrand zu mieten, da dies dann ganz sicher privat – und damit nicht versichert ist.

In Khao Lak: Beide Autvermietungen liegen in Bang Niang zwischen dem Markt und dem Wasserreservoir, Budget an der Straße, Thai Rent A Car etwas zurückversetzt. Man kann im voraus online mieten (anscheinend günstiger) und sie bringen das Auto zum Hotel, falls gewünscht.

Budget Car Rental https://www.budget.co.th/
Thai Rent a Car: https://www.thairentacar.com/index.php/en/

Motorroller / Motorfahrräder

Motorroller kann man in den Touristenorten an vielen Stellen mieten, manchmal auch beim Hotel oder Gästehaus selber oder bei Tourenanbietern, vor Souvenirshops, Restaurants etc. Ein kurzer Spaziergang zeigt wo.

Die Preise schwanken je nach Ort und Mietdauer – je länger man sie mietet, desto günstiger wird im Normalfall auch der Mietpreis. Tagespreise sind etwa 150 bis 250 Baht.

Benzin für die Roller wird übrigens außer an Tankstellen auch neben der Straße verkauft – die Flaschen mit dem roten Inhalt auf den Holzgestellen. Der Preis hier ist ca. 40 Baht pro Liter – und damit etwas teurer als an der Tanke und die Qualität nicht immer entsprechend.

Fahrräder / Velos

Fahrradfahren ist eine Freiluft-Aktivität, die einem einen besseren Einblick in Land und Leben bietet als aus dem Auto heraus. Es ist in der Wärme etwas anstrengender, dafür gibt es in Khao Lak inzwischen tatsächlich auch Fahrradwege, vor allem zwischen Bang Niang und Bang La On.

Viele Hotels bieten **Mietvelos** an, die sich gut eignen, die Umgebung hier zu erkunden, da Khao Lak selber mehrheitlich flach ist (der ganze Küstenabschnitt). Im Hinterland wird es rasch hügelig und im Süden hat es den "Berg" Lak. Wo es Hügel hat, hat es hier auch Wald. Quer durch den Wald zu fahren nach Mountainbike-manier ist nicht empfohlen: hier gibt es doch häufig Schlangen, so dass auch Thailänder nicht einfach so durchs Gebüsch stapfen oder biken. Auf den Wegen ist es jedoch sicher. Wer nicht weiß, was er besichtigen kann, kann auch eine der geführten **Biketouren** buchen, auf denen diverse interessante Punkte (Wasserfälle, Dörfer) angefahren werden. Manche der Touren sind kombiniert mit Kajak-fahrten oder Baden im Flüsschen.

Neu gibt es in Khao Lak die Möglichkeit **elektrische Fahrräder** zu mieten – was das fortkommen doch sehr erleichtert. Tipps zu **Fahrradtouren** finden sich weiter hinten im Buch.

Tipps für die Miete

Für die Miete von Motorfahrzeugen wird neu (zwingend) der **internationale Führerschein** verlangt. Auch wenn der (gültige) Führerschein nicht immer vom Vermieter kontrolliert wird: ohne kann es ein Problem werden bei Polizeikontrollen oder der Versicherung.

Gelegentlich wird als Sicherheit bei der Miete (auch bei Motorrädern) die Hinterlegung des Reisepasses verlangt. Das sollte man auf keinen Fall machen. Einerseits, weil dieser bei Polizeikontrollen vorgezeigt werden muss, andererseits weil in einem Schadensfall der Vermieter einem dann wirklich Probleme bereiten kann – man braucht den Pass ja zwingend zur Ausreise. Besser sind Vermieter, die eine Barkaution oder Kaution via Kreditkarte verlangen. Manchmal reicht auch eine Pass-Kopie: die sollte man vorderhand parat haben.

Versicherungen beim Auto haften für Schäden an Person und Fahrzeug, aber meist nur mit Selbstbehalt von bis zu 50'000 Baht.

Fahrzeuge sollte man vor Mietbeginn auf Schäden prüfen und diese festhalten lassen – ansonsten kann es sein, dass man danach dafür bezahlt. Wenn man Digitalfotos macht, wo Datum und Uhrzeit automatisch registriert werden, hilft das bei eventuellen späteren Forderungen.

Versicherungen bei Mopeds gelten nur für Personenschäden, nicht für Fahrzeugschäden – die muss man als Mieter zwingend selber bezahlen. Dafür sind die Reparaturen oft wesentlich günstiger als in Europa.

Notiere die Nummer des Versicherers und eine Telefonnummer unter der man sie im Falle eines Unfalles kontaktieren kann.

Tipps zum Straßenverkehr und dem Vorgehen bei einem Unfall finden sich hinten im Buch.

Nur frühmorgens so leer: die Strasse 4 durch Khao Lak

Schlafen, Essen & Trinken und Einkaufen in Khao Lak

Hotels und Unterkünfte

Grundsätzlich ist es in Khao Lak noch so, dass weniger auf Massentourismus gesetzt wird als weiter unten auf Phuket, aber natürlich kann man auch hier All-inklusive super-günstige Angebote bekommen, wo man die Hotelanlage nie verlassen (muss).

Es ist praktisch unmöglich hier eine Übersicht – oder auch nur eine repräsentative Aufzählung – über die Hotels, Resorts, B&Bs, Bungalows und sonstigen Unterkünfte in Khao Lak zu geben, zu zahlreich ist das Angebot. Eine Buchungsseite im Internet zeigt mir für jeden möglichen Zeitpunkt über 110 Hotels in allen Preisklassen an. Darin inbegriffen sind bei weitem nicht alle, die es gibt.

Preislich gibt es alles: Vom 5-Stern Luxushotel mit den entsprechenden Übernachtungspreisen von um die 100 Euro (und aufwärts) pro Nacht, über gute Mittelklassehotels, bis zu günstigen Absteigen oder Backpacker-Hostel, wo man schon um die 10 Euro (und teils weniger) einen Platz zum Schlafen bekommt. Eigentlich ist für jeden etwas dabei – Hotelzimmer oder Suite mit direktem Poolzugang, Meeressicht, Bungalows direkt am Strand, kleines privat gebuchtes Haus für die Familie im ruhigen Hinterland, einfaches Zimmer mit Ventilator statt Klimaanlage für Backpacker oder diejenigen, die sowieso die ganze Zeit unterwegs sind (tauchen) und es nur zum gelegentlich schlafen brauchen. Alles. Es kommt halt drauf an, was man will:

Die meisten Luxusresorts und großen Hotels findet man im nördlichen Teil. Dazu gehören das Marriott, Sarojin und Le Meridien. Um diese Hotels herum haben sich eigene Infrastrukturen mit kleineren Restaurants und Shops entwickelt, wer ins Zentrum will, braucht allerdings Transportmöglichkeiten.

Kleinere exzellente Hotels finden sich aber entlang der ganzen Küstenlinie. Der Strand ist überall sehr schön. Günstigere Unterkünfte gibt es eher im Landesinnern in der Nähe des Highway 4.

Davon abgesehen sind die Raumpreise am höchsten in Bang La On, günstiger in Bang Niang und am billigsten in Khuk Khak.

Wer sehr südlich wohnt, ist aber oft weiter entfernt von den meisten Restaurants und Bars (die in Bang La On und nördlich davon gefunden werden können). Die günstige Unterkunft wird dabei durch die Transportkosten wieder wettgemacht.

Tipp: Da es in Thailand überall sehr gutes und günstiges Essen gibt, wäre es eine glatte Verschwendung hier ein Hotel mit all inklusive oder full board zu buchen und alle Mahlzeiten im Hotel einzunehmen.

Sonnenuntergang: an jedem Strand in Khao Lak

Beispiele für Unterkünfte und ihre Lage in Khao Lak:

Khao Lak Beach (südlich des Hügel Lak)

- Khao Lak Merlin Resorts
- Poseidon Bungalows
- Khao Lak Emerald Beach Resort & Spa

Bang La On (Strand und "Hauptort")

- Sensimar Khao Lak
- Khao Lak Laguna Resort (schön, Strassenseite aber meiden)
- Monkey Dive Hostel Khao Lak (sehr günstig, sauber)

- The Sands Khao Lak by Katathani
- Chongfah Resort
- Khaolak Bay Front Resort
- Banana Bungalows
- Jerung Hotel
- Khao Lak Bandari Resort
- Seafan Bed & Breakfast
- Walkers Inn

Bang Niang (Strand und Nachtleben)

- La Flora Resort & Spa Khao Lak
- Ramada Khao Lak Resort
- Ruk Cozy Khao Lak (Inland)
- Amsterdam Resort
- Casa de La Flora
- Chongfah beach Resort
- Motive Cottage
- Cousin Resort
- Riverside Guesthouse
- Tony Lodge

Khuk Khak (Norden: Strand und Luxus)

- The Sarojin
- Kantary Beach Hotel
- Apsara Beachfront Resort and Villa
- JW Marriott Khao Lak Resort and Spa (Luxus mit dem grössten Pool in Thailand: drei Kilometer lang).

- Khaolak Orchid Beach Resort
- Beyond Resort Khao Lak
- Katilya Khao Lak (ehemals Pullmann) wird 2017 zum Robinson Club
- Khao Lak Mountain View Bungalows

Restaurants

Es gibt sehr viele Restaurants in Khao Lak, von der kleinen Beiz bis zum Nobel-Restaurant … es hat auch einen McDonalds, falls man das brauchen sollte. Im Internet finden sich unzählige Empfehlungen; eine Reiseseite hat einmal geschrieben, dass sie für Khao Lak *alleine* so viele Empfehlungen wie für den ganzen Rest von Thailand erhalten haben. Weshalb? Das Essen ist gut in so ziemlich jedem Restaurant, aber was in Khao Lak heraussticht, ist der wunderbare freundliche Service der dafür sorgt, dass die Kunden zurückkommen. Oft wird man Freund mit dem Personal.

Restaurant Sky

Das war bei uns nicht anders. Wir haben anfangs viele Restaurants durchprobiert, sind am Schluss aber bei Jin hängengeblieben, da sie nicht nur phantastisch kocht, sondern auch so toll mit unserem Junior umging. Sie arbeitete damals in der „Phulay Bar and Restaurant", beim grossen Baum am südlichen Ende von Bang La On. Vor vier Jahren hat sie ein eigenes Restaurant eröffnet: Das Sky. Die Menukarte ist phantastisch ausführlich – und trotzdem schafft sie es, so gut wie alles frisch zuzubereiten und dabei noch die Wünsche der Gäste zu berücksichtigen – So ist von thailändisch „hot-spicy" bis „not so spicy, please" (= für Thailand-Anfänger) alles anpassbar. Sehr empfehlenswert ist die Tempura (im Teig frittiertes Gemüse und Crevetten) und die Tom Kha Gai Suppe. Das Sky Restaurant in Khao Lak lohnt auf jeden Fall einen Besuch – und wenn ihr dort sind, sagt Jin „Hi" von den Kobis!

Ort: Zwischen La On und Bang Niang, knapp hinter dem „Ortsausgang", an der Straße, die zum Lah Own Resort führt. Parkmöglichkeit hinter dem Fahrradweg. DG: 8.65112, 98.25252

/ GMS: N 8°39'4.032" O 98°15'9.072"

Klong Koo Restaurant

Kleines einheimisches Restaurant an interessanter Lage: man sitzt mitten im Wald, im Bach mit den Füssen im Wasser. Wunderbares Ambiente – im Wasser hat es Fische und gelegentlich auch Schlangen. Gut für Mittagsessen – nicht ganz optimal für Abendessen, da mit der Dämmerung viele Mücken kommen können. Auch so sollte man Mückenschutz nicht vergessen. Öffnungszeiten sind 11-17 Uhr – abends haben sie wegen der Mücken nicht so lange geöffnet. Sonntags hat es auch viele Einheimische, die hierher kommen zum Essen.

Ort: In der Nähe / auf dem Weg zum Sai Rung Waterfall. Im Norden von Khao Lak. DG: 8.74765, 98.26759 / GMS: N 8° 44' 51.54'' O 98° 16' 3.323''

Smile Khao Lak

Französischer Chef, feines Essen mit internationalen Gerichten. Preise etwas teurer als der Durchschnitt. Empfohlen wird das Poh Pia Thod Chicken and Cheese. Statt Reis kann man hier als Beilage auch Al Dente Pasta haben. Reservation empfohlen in der Hauptsaison. Ort: In La On, am Highway 4 zwischen Nang Thong und Bang Niang. DG: 8.64868, 98.25246 / GMS: N 8° 38' 55.248'' O 98° 15' 8.855''

Memories Beach Bar

Mehr als eine einfache Strandbar: Restaurant, Bungalows und Aktivitäten wie Volleyball, Lektionen in Thaiboxen, Thai

Kochkurse und Surf Ausrüstung und Lektionen. Serviert wird traditionelles Thaifood und Barfavoriten wie Salate, Burger, Pasta und gegrillter Fisch und Fleisch. Ort: Im Norden des Khuk Khak Strandes, knapp bevor man Pakarang Cape erreicht. 200 Meter nach der Tankstelle biegt man vom Highway 4 ab, etwa 2.5 km bis zum Strand. Oder man parkiert beim Apsara Hotel und läuft links über die Brücke / den Fluss. DG: 8.71976, 98.23473 / GMS: N 8°43'11.136'' O 98°14'5.027''

Lay Restaurant

Essen mit den Füssen im feinen Sand des Strandes von Khuk Khak. Eine typische Strandbeiz, aber mit ausgiebigem Menu mit thailändischen und internationalen Gerichten und großen Portionen zu fairen Preisen. Neben dem Restaurant offerieren sie auch Massagen und einen Wäscheservice. Ort: 10 Minuten zu Fuß neben dem Khao Lak Orchid Beach Resort, Khuk Khak. DG: 8.6868, 98.24107 / GMS N 8°41'12.48'' O 98°14'27.851''

Everyday Lazy House

Angenehme Bar und Restaurant am Highway 4 in La On. Freundliche Atmosphäre und guter Service. Tagsüber bieten sie auch Thai-Kochkurse an und Abends live Musik (v.a. 70er und 80er Jahre Klassiker). Ort: gegenüber des Sensimar Khaolak Beachfront Resorts, im Süden von Khao Lak, vor dem Hügel. DG: 8.6368, 98.24792 / GMS: N 8°38'12.48'' O 98°14'52.511''

Enzo Bistro Japanese Fusion

Asiatische Küche aus dem Japanischen Raum und Fusion-Gerichte mit der Thailändischen Küche. Bekannt für frische Meeresfrüchte. Von Sashimi und Sushi bis Tempura und Yaki Gyosa findet man hier alles. Offen erst nach 13 Uhr. Ort: An der Straße zum Bang Niang Strand, mittendrin. DG: 8.66756, 98.25081 / GMS: N 8°40'3.216“ O 98°15'2.916''

Pizzeria La Piccola Maria

Lang etabliertes Restaurant, das die erste Italienische Trattoria in Khao Lak war. Hat seit 2016 einen neuen Ort am Highway 4 in La On. Serviert die besten Pizzas in Khao Lak (aus dem Holzofen) und Italienische Spezialitäten (auch Gluten-Frei). Ort: La On, Etwa 50 m nördlich des Nang Thong Supermarkts. DG: 8.64553, 98.25147 / GMS: N 8°38'43.908'' O 98°15'5.291''

Hill Tribe Restaurant

Der Küchenchef aus Chiang Rai serviert thailändische Gerichte aus dem Norden Thailands. Sehr gut ist die Meeresfrüchteplatte, das Zitronenhuhn und der Bananenblumensalat. Reservation wird empfohlen. Offen ab 13 Uhr mittags. Ort: Am Highway 4, etwa 500 m vom Bang Niang Markt entfernt, vor dem Tsunami Museum. DG: 8.66257, 98.25349 / GMS N 8°39'45.252'' O 98°15'12.563''

Orchid Cafe

Serviert wird authentische Thai Küche wie Shrimps mit Tamarind, Gegrilltes Huhn mit grünem Mango Salat, Schwein süß-sauer, alles zu günstigen Preisen – noch ohne Kompromisse an den Touristengeschmack. Ort: Etwas südlich der Einfahrt zum The Sands, am Highway 4 gelegen (neben der Klinik von Dr. Chusak). DG: 8.64993, 98.25241 / GMS: N 8°38'59.748'' O 98°15'8.675''

Viking Steakhouse

Im Sawadee Plaza. Gute Steaks zu eher hohen Preisen. Ort: Bang La On, am Highway 4, DG: 8.64212, 98.25121 / GMS: N 8°38'31.632'' O 98°15'4.356''

Pizza Pasta & Steak

Kleines Restaurant, geführt von einem thailändischen Pärchen. Er war früher Küchenchef beim Le Meridien. Hausgemachte Pasta. Die Portionen sind eventuell etwas kleiner, aber das gilt auch für die Preise. Hier bekommt man das wohl günstigste Steak – ein T-Bone Steak für 180 Baht. Pizzas zu 120 Baht und Salate im westlichen Stil. Ort: Gegenüber dem 7-Eleven bei Khuk Khak auf der dem Meer zu gelegenen Seite des Highway 4. Schild mit gelber Schrift DG: 8.68721, 98.25238 / GMS: N 8°41'13.956'' O 98°15'8.568''

O' Rendez-vous

Thailändische und französische Küche. Geöffnet ab 16 Uhr. Bar mit viel Auswandern und spätabends unterschiedliche Musik inklusive Jazz, Soul, Lounge. Ort: La On, Gegenüber dem Andaburi Resort neben dem Sea Dragon Dive Centre am Highway 4. DG: 8.64939, 98.25248 / GMS: N 8°38'57.804'' O 98°15'8.928''

Den Rest der Restaurants lasse ich Euch selber entdecken. Das macht wirklich Spaß hier, da man praktisch überall gut isst und für jedes Budget etwas findet. Auf dem **Markt bei Bang Niang** gibt es (wie für Thailand üblich) ebenfalls viele Möglichkeiten an Essen zu kommen – hier auch etwas für Experimentierfreudige.

Tom Kha Gai Suppe

Garküchen

Thailands Küche ist nicht nur mit zahlreichen Restaurants in unterschiedlichen Kategorien und Preisklassen vertreten, sondern auch in unzähligen mobilen Garküchen. Man findet sie selbst in den kleinsten Orten, da viele Thailänder auswärts essen. Auch in Khao Lak hat es einige.

Die Qualität dieser Miniküchen steht oft den Großen in nichts nach – vor allem, wenn man viele Einheimische dort kaufen oder essen sieht, kann man sich sicher sein, dass es schmeckt. Besucher sind nicht nur Durchschnittsbürger, auch Bankangestellte, Polizisten oder auch Wohlhabendere essen hier, oder lassen sich etwas einpacken. Man findet diese Imbisse in Nebengassen, vor Tempeln, Haltestellen und Touristenattraktionen sowie Märkten. Speisekarten fehlen häufig, gelegentlich hat es keine Stühle oder Tische. Zum Aussuchen deutet man auf die gewünschten Speisen, oft kann man vorher etwas probieren. Die Auswahl reicht von gekocht (Curries und Reisgerichte) über gegrillt (diverse Spießchen) bis zu solchen, die nur Süßes anbieten wie Pfannkuchen, Kokosmilch-Reismehlbällchen, Früchte etc.

Wer wissen will, ob etwas scharf ist, frage nach „pät mai?“. „Mai pät“ ist nicht scharf, bei „pät pät“ ist Vorsicht angesagt.

Die meisten Eigentümer achten peinlich auf die Sauberkeit, aber auch dann entspricht die sicher nicht unserem westlichen Hygienestandard. Gut ist, dass Fleisch, Fisch und Gemüse in den Garküchen durchgekocht oder gebraten werden – und kritisches wie rohen Salat kennt man in Thailand so auch nicht. Vorsichtig muss man mit Eiswürfeln in Getränken sein, wobei die mit den Löchern drin eigentlich sicher sein sollten. Im Zweifelsfall verzichtet man besser auf diese Getränke (serviert gelegentlich im Plastikbeutel) und nimmt eine Flasche oder Dose.

Wir haben schon in diversen Garküchen gegessen – ohne negative Nachwirkungen. Meist war das Essen einfach, aber wirklich gut und schmackhaft, die Portionen vielleicht nicht riesig, dafür aber supergünstig (Essen und Trinken für 3 Personen zu 300 Baht? Wow.)

Kaffee und Kuchen (und Frühstück)

Nachdem das Café Kantary, das ich im ersten Reiseführer erwähnt habe überraschend geschlossen hat, hier ein paar Alternativen, wo man in Khao Lak guten Kaffee und Kuchen und gegebenenfalls ein Frühstück bekommt:

In Bang Niang:

Take @ Seat Café. Besitzerin Nuy backt sehr gut und es gibt köstlichen Kaffee. In Bang Niang, Strandnähe. DG: 8.66537, 98.24476 / GMS: N 8° 39' 55.332'' O 98° 14' 41.135''

In Nang Thong / La On:

Mata Café. Für das Café muss man ein paar Stufen hoch, hat dafür guten Blick auf das Straßentreiben. Es gibt leckere Waffeln und Eiscreme, dazu Kaffeespezialitäten. Ort: Im Tozleep Hotel in Nang Thong in der Nähe (nördlich) des Nang Thong Supermarkts. DG: 8.64585, 98.25157 / GMS: N 8° 38' 45.06'' O 98° 15' 5.652''

Stempfer Café: Kuchen auf deutsche Art, dazu Kaffee oder Tee. Der Chef bäckt selber auch Brot, Croissants und Kuchen. Ort: In Nang Tong an der Hauptstraße nahe der Ampel und südlich vom dem Nang Thong Supermarkt. DG: 8.6446, 98.25126 / GMS: N 8° 38' 40.56'' O 98° 15' 4.536''

Duo Coffee Kaffeespezialitäten und Süßes in Puppenhaus-kitschiger Atmosphäre. Ort: Ebenfalls in La On an der Hauptstraße. DG 8.6476 98.25189 / GMS N 8° 38' 51.52''O 98° 15' 6.827''

In Khuk Khak:

Coconut Homes & Café: Wer im Norden von Khao Lak untergekommen ist, findet hier in der Nähe des Coconut Beach ein Resort eigenes (öffentliches) Café mit hausgemachtem Kuchen und Snacks. Sonst etwas abseits vom Schuss, dafür geeignet als Ausflugsziel-Stop. DG: 8.72826, 98.24221, GMS: N 8° 43' 41.736'' O 98° 14' 31.956''

weitere bemerkenswerte "Kaffee-Stopps"ausserhalb von Khao Lak:

Zwischen Khao Lak und Phuket

360 Degree Coffee – Andaman Viewpoint Sky Crane

Ein Ort der vor allem bei Thailändern bekannt zu sein scheint. Es ist ein Aussichtspunkt zwischen Phuket und Khao Lak mit Kaffee/Restaurant sowie Spielplatz und kleinem Wasserpark. Etwas für Kinder. Außerdem hat es eine Shooting Range und am Wochenende gibt es hier einen Kran mit einem daran hängenden „Korb“ der einen für die 360 Grad Rundum-Aussicht hochzieht. Das Restaurant offeriert günstige Reisgerichte und Eiskaffee sowie eine Auswahl an Kuchen.

Ort: wenige Kilometer nördlich der Sarasin Bridge. Leicht erreichbar ab dem Highway 4. DG: 8.24004, 98.30088 / GMS: N 8° 14' 24.144'' O 98° 18' 3.168''

Unten bei Phang Nga

Tree Cups Phang Nga Coffee

Ein Kaffee mit einer sehr speziellen Location. Hoch auf einem alten Baum(!), kann man seinen Kaffee auf der befestigten Plattform trinken und die Panorama-Aussicht genießen. Definitiv etwas für einen Stopp auf einem Phang-Nga Ausflug, wenn auch etwas schwierig zu finden. Von Phuket her kommend ist die Abzweigung auf eine kleine Straße in die Hügel (nach links) etwa 300 Meter nach der Moschee. Abzweigung (bei DG: 8.36427, 98.44489, GMS: N 8° 21' 51.372'' O 98° 26' 41.604') dem Weg etwa 900 m folgen. Offen von 12.30 bis 17.30 Uhr.

Privates Dinner am Strand

Romantik pur und ein einmaliges Erlebnis! Man kann ja in vielen Restaurants direkt am Strand essen gehen – in Khao Lak hat man dann von der Lage nach Westen her am Abend immer Sicht auf den Sonnenuntergang (!). Aber: wer etwas spezielles will, der schaue, ob sein Hotel ein **Privatdinner am Strand** anbietet. Es gibt wenig romantischeres, als ein feines Essen, bei Sonnenuntergang, mit Wellengeräuschen und die Füße im Sand. Und .... es ist oft günstiger, als man denkt. Etwa so viel, wie ein gutes Restaurantessen zu Hause – nur hat man da all die Extras nicht dabei.

Übrigens: Wer im Sarojin nächtigen darf, hat die Möglichkeit dort ein **Privatdinner bei Kerzenschein am Wasserfall** zu buchen. Alles in allem ziemlich teuer – aber ein einmaliges Erlebnis.

Dinner on the Beach

Thai Kochkurs

Wer selber gerne thailändisch kochen lernen will, kann das auch in Khao Lak. Man sieht bei einigen Ausflügen sogenanntes Show-Cooking oder Kochdemonstrationen von typisch thailändischen Gerichten, wie Pad Thai, Papaya-Salat und Tom Kha Gai sowie diversen Curries. Viele Hotels bieten Kochkurse an - und das gekochte wird danach gegessen.

Wer es persönlicher möchte und vielleicht noch etwas mehr über das Kochen in Thailand erfahren ... zum Beispiel, wo man die Bestandteile herbekommt und worauf man bei den Zutaten achten muss, bucht einen Privaten Kurs zum Beispiel hier:

Pa Kin Na Ka Thai Cooking class (In der Nähe des Soi Chong Fah Wasserfalls). Preis: 2000 Baht pro Person, ab 2 Personen durchgeführt. Morgens oder Nachmittags. Inklusive Rund Trip Hotel-Markt-Kochschule, Markt-Tour, drei Gerichte, Essen und Trinken. Kontakt: Tel: +66 88 760 0767 http://www.khaolak-cookingclass.com/

Pui Cooking: Preis: 1500 Baht pro Person inklusive Hotelpickup, Marktausflug, drei Gerichte und Getränke. Morgens und Nachmittags. Kontakt: http://www.puicooking.com/, Tel: +66 86 281 5103

Khaolak Thai Cooking Class by Ann, Kontakt: annkhaolak.wordpress.com/ Tel: +66 87 908 0389

Nachtleben in Khao Lak

Khao Lak hat den Ruf einer Familiendestination nicht zu Unrecht: wer Aufregung und Partyleben sucht, findet weiter südlich auf Phuket (namentlich Patong) oder auf Krabi und Pattaya mehr. Aber: auch hier findet man freundliche Bars und kleine Clubs mit Livemusik, die auch nach 23 Uhr noch offen haben und Alkohol ausschenken. Vor allem in der Hochsaison läuft hier einiges.

Bars und Pubs

Es fällt auf, dass die Bars hauptsächlich an der (Haupt-)Straße etwas im Landesinneren liegen. Das hat seinen Grund darin, dass beim Tsunami 2004 alle am Strand liegenden Bauten zerstört wurden und die Besitzer deshalb abgeneigt waren, dort wieder zu bauen. Das hat in den letzten Jahren geändert: nun finden sich auch wieder beim Strand Bars, meist aber kleinere. Manche davon, wie die Thai Bar, organisieren in der Hochsaison einmal monatlich auch **Fullmoon Parties,** die natürlich am Strand stattfinden, analog zu den bekannten auf Phi Phi oder Koh Samui.

Bars in Nang Tong:

Happy Snapper Bar Live Bands ab 22 Uhr, ab etwa Mitternacht fangen die Leute an zu tanzen. Hübsches Deko und wechselnde Veranstaltungen. Für manche die beste in Khao Lak. Ort: am Highway 4, ca. 300 Meter nördlich des Nang Tong Supermarktes.

Bars in Bang Niang

Degree Bar & Restaurant Offen bis 2 Uhr morgens. Livemusik in den meisten Nächten. Sehr lockere Stimmung. Ort: am Highway 4, Bang Niang (Meeresseite an der 4, etwa gegenüber dem Polizeiboot 813).

Gecko Bar Offen ab 19 Uhr in der Hochsaison, ab 21 Uhr in der Niedrigsaison. Geschlossen wird, wenn die Party vorbei ist. Sehr gute Late-Night Bar, geführt vom thailändischen Pärchen Black and Lin. Billard, Tischfußball, Wi-Fi. Ort: Mitten in Bang Niang. Beim 7-Eleven links Richtung Meer, 100 Meter weiter geht eine ungeteerte Straße links ab.

Moon Smile Bar Neueröffnet. Livemusik von teils talentierten Filipino Musikern. Alleinunterhalter oder bis zur 5-Personen-Band. Ort: Jerung St, Bang Niang. Straße beim 7-Eleven Richtung Meer (Chai Hat Bang Niang Rd). Nach etwa 700 Metern gegenüber dem Mukdara Resort rechts abbiegen.

Mars Bar Offen 9 Uhr bis 24 Uhr. Das grellorange Interieur fällt auf. Der englische Eigentümer Mars (Marcel) und sein thailändischer Partner Mem sind in der Gegend weitbekannt für guten Kaffee und hausgemachtes Brot morgens und breites Menu mit thailändischen Gerichten abends. Sie betreiben auch eine Ausleih-Bibliothek mit Büchern (hauptsächlich Thriller und Krimi) in Englisch, Deutsch, Norwegisch und anderen Sprachen. Rund ums Jahr geöffnet. Ort: Bang Niang am Highway 4, etwa 150 Meter südlich des Polizeibootes.

Song's Bar Auf dem Gelände des Bang Niang Nachtmarktes

auf dessen nördlicher Seite. Rund ums Jahr geöffnet aber mit variablen Öffnungszeiten. Öffnet früh am Abend zu den Markttagen (Montag, Mittwoch und Samstag). Funky Bar mit guter Musik und hauptsächlich Auswanderer Klientel.

Mr. Chay Bar Ebenfalls am Bang Niang Markt, auf der Südseite unter einem Tamarind-Baum. Geöffnet an Markttagen ab 14 Uhr mittags bis 2 Uhr morgens. Herr Chay spricht Deutsch und Englisch.

Rusty Pelican Mexican Cafe Nachos, Fajitas, Frozen Margaritas, und eiskaltes Bier von 12.00–22.00 Uhr. Gute Musik und Billard (Wettkämpfe jeden Freitag 20.00 Uhr). Ort: Straße beim 7-Eleven Richtung Meer nehmen (Chai Hat Bang Niang Rd), dann rechts in die Soi Jerung.

Zantika Pub, Gegen Mitternacht geht es richtig los, schließt gegen Morgengrauen. Eigentlich ist die Bezeichnung Pub falsch, da es sich hier um eine Disco / Nachtclub handelt. Keine Eintrittsgebühr, beliebt bei jungen Thais. Tipp: Als Gruppe gehen und eine Flasche kaufen statt individueller Drinks. Ort: Beim Highway 4, Bang Niang (am nördlichen Ende von Bang Niang, Meeresseite der 4, gut angeschrieben).

Build Factory Neuer, hipper Indoor und Outdoor Nachtclub. Modernes Gebäude und Einrichtung, Live Musik und bei Sportanlässen Live-viewing auf großen Bildschirmen. Ort: Am Highway 4, im nördlichen Teil von Bang Niang, gegenüber dem Wasserreservoir.

Bars in Bang La On / Nang Thong

Monkey Bar mit Reggae Musik. Öffnungszeiten variieren. Ort: am Highway 4, Inland Seite etwas nördlich dem Zentrum und dem Nang Thong Supermarkt.

Violet Bar: Kleine Bar mit einem Billardtisch. Ort: etwas zurückversetzt vom Highway 4 auf der Meeresseite etwas südlich dem Zentrum von Bang La On.

Bars in Khuk Khak

Thai Bar on the Beach Lokal sehr bekannte Bar direkt am einsamen Strand. Sehr einfache Holzhütte, die wohl regelmäßig nach dem Monsun neu aufgebaut wird. Macht erst (Nach)mittags auf ... als wir um 11 Uhr da waren, schlief der Besitzer noch. Ort: Hinten beim Khuk Khak Beach, erreichbar via einen Holzsteg. Live Musik. Etwas für Surfer und Naturliebhaber. Momentan sehr abgelegen – es wird aber direkt dahinter eine große Hotelanlage errichtet. DG: 8.67527, 98.24313, GMS: N 8°40'30.972'' O 98°14'35.267''

Moo Moo Cabaret Show

Moo Moo ist Khao Laks Antwort auf das Simon Cabaret in Phuket und zeigt bunt-laute Ladyboy Shows mit Vorstellungen in der Hochsaison jeden Abend von 21.45 Uhr bis 23.15 Uhr. Anscheinend auch für jüngere Personen geeignet. Zutritt ist gratis, dafür sind die Getränke und Cocktails etwas teurer.

Ort: Central Bang Niang (am Highway 4, gegenüber dem Riverside Guest House, Meerseite). Das Kabarett findet man knapp südlich dem Bang Niang Markt neben der Brücke. DG 8.66577, 98.25293 / GMS N 8°39'56.772'', O 98°15'10.548''

Khao Lak Boxing Stadium

Thaiboxen ist ein in Thailand beliebter Sport und die Teilnehmer trainieren lange und hart dafür. Manche Stadien in sehr touristischen Gegenden (ich seh' Dich an: Patong) präsentieren dem Publikum gespielte Kämpfe, aber andere nehmen das sehr ernst. Khao Lak Boxing Stadium ist das wahre und wöchentlich finden echte Kämpfe statt. Die Preise, die zu gewinnen sind, sind hoch, es wird gewettet und die Stimmung ist entsprechend. Geworben wird mit die Straße in Khao Lak und Umgebung hoch und runterfahrenden mit (lauten) Lautsprechern versehenen Autos mit Plakaten: „Tonight, and Tonight only ...!“

Die Kämpfe finden jeden Freitag Abend statt, Beginn um 21.45 Uhr. Ort: Gegenüber dem 7-Eleven/der Tankstelle auf dem Highway 4, ziemlich nördlich. DG 8.68876, 98.25389/ GMS N 8° 41' 19.536'', O 98° 15' 14.003''

Einkaufen

Märkte

Im thailändischen Leben spielen Märkte eine große Rolle: dort deckt man sich mit Lebensmitteln ein oder geht aus Essen, wenn man – wie das offenbar noch häufiger in Thailand vorkommt – keine eigene Küche hat. So sind die Märkte in und um Khao Lak auch keine ausschließliche Touristensache.

Einen ständigen Markt hat es in Bang Niang – gegenüber des angeschwemmten Polizeibootes. Montag, Mittwoch und Samstag nachmittags ist die Hauptzeit – am größten ist der Markt am Samstag. Zum Schutz vor der Sonne schoppt man unter aufgehängten Dächern, Tüchern, Schirmen. Man findet alles, was man so fürs tägliche Leben braucht: Früchte, Gemüse, Fleisch, Fisch, Gewürze bis zu Kleidern, Schuhen, Uhren, Blumen ... und alle Arten von **Souvenirs**. Es gibt eine Menge Essensstände die **Snacks** aller Arten verkaufen, Hühnerflügel, Klebereis, Pad Thai, Fleisch-Spießchen und mehr. Besonders mutige versuchen sich an den frittierten Käfern und Larven (die sind gar nicht so übel, sehr knusprig, schmecken nach wenig und gesalzen sind sie essbar). Neben dem Markt hat es kleine Restaurants und Bars, wo man sich hinsetzen und das Marktleben etwas beobachten kann. DG 8.66696 , 98.25245 / GMS N 8°40'1.056'', O 98° 15' 8.819''

Der Khuk Khak Freshmarket Etwa drei Kilometer nördlich von Bang Niang hat es an der Busstation (etwas zurückversetzt von der Hauptstraße 4) einen großen Markt, der täglich geöffnet ist: von frühmorgens bis etwa Mittag. Hier decken sich vor allem die Einheimischen (und die Restaurantbetreiber) mit frischem Gemüse, Früchten, Fisch und Fleisch ein.

Der **neue Markt an der Build Factory** ist Dienstag, Donnerstag, Freitag und Sonntag – offenbar haben die sich mit den Betreibern des Bang Niang-Marktes abgesprochen. Er ist (noch) kleiner und nicht so der Touristenmarkt: Souvenirs findet man hier kaum, dafür Essensstände aller Art.

Markt in Thailand. Eine Wundertüte.

In Takua Pa hat es ebenfalls einen großen täglichen Markt. Am besten fragt man vor Ort nach, falls man ihn nicht findet.

Am Sonntag ist zusätzlich **in der Altstadt von Takua Pa** ein sehenswerter Markt, zu dem inzwischen (wegen der interessanten Umgebung) auch Touristentouren gehen.

Allgemeine Waren

Wer sonst einkaufen will, ist mit den **7-Eleven**, von denen es in Khao Lak und Umgebung einige hat, sehr gut bedient.

Westliche Produkte findet man im **Nang Thong Supermarkt**. Der befindet sich an der Ecke der Hauptstraße 4 und der Straße, die zum Nang Thong Strand führt. Dort findet man ein breites Angebot auch an Wein. DG 8.64511, 98.25138 / GMS N 8°38'42.4" O 98°15'4.967"

Alkohol

Eine gute Auswahl an Wein und ein paar Spirituosen findet man im Nang Thong Supermarket. Ansonsten sind **alkoholische Getränke** nicht so leicht zu finden in Thailands Shops... und ganz offenbar existieren inzwischen Einschränkungen, dass man Alkohol nicht zu allen Zeiten kaufen kann (wobei das in Realität nicht überall gleich streng gehandhabt wird): Erlaubt ist es von 11 bis 14 Uhr und von 17 bis 24 Uhr. Zu religiösen Feiern kann es sein, dass man das nirgends bekommt. In Restaurants und Hotels ist alles vorhanden, wobei Wein verhältnismäßig teuer ist. Gerüchten nach werden alkoholische Getränke ab Mitte 2017 mit einer höheren Steuer belegt, wodurch zu erwarten ist, dass die Preise nicht nur im Verkauf, sondern auch in den Bars und Restaurants ansteigen.

Kleider

T-Shirts, Badekleidung, Hosen und mehr gibt es in den vielen Touristenshops und Souvenirläden in Bang La On und auf den Märkten (z. Bsp. dem Bang Niang Market). Elegantere Kleidung in guter Qualität kann man sich beim Schneider machen lassen – das ist hier ziemlich günstig, wobei man nicht vergessen sollte zu handeln. (Siehe auch Kapitel "Besuch beim Schneider" am Ende des Buches). Outlet Shops oder große Warenhäuser hat es in Khao Lak aber keine.

Schneider: Monty The Tailor, Mark One Tailor, The Best Tailor, Mr. Tailor, Khaolak Tailor House ... und *viele* mehr.

Elektronik

Markenelektronik ist von wenigen Ausnahmen abgesehen nicht wirklich günstiger in Thailand als in Europa – außer es handelt sich um Fälschungen ... und dann ist Vorsicht angesagt, da die nicht importiert werden dürfen. Khao Lak ist kein guter Ort um Fotoapparate, Smartphone oder Tablet zu kaufen ... Ausrüstung für Unterwasserfotografie findet man teils in den Tauchshops und Dive-Zentren. SIM-Karten, Batterien etc. im 7-Eleven. In den größeren gibt es auch günstige Telefone und einfache Kameras. Telefonhüllen finden sich dafür fast überall – auch wasserfeste.

Brillen, Kontaktlinsen

Optiker gibt es einige in Khao Lak, vor allem in Bang La On. Wer also seine Brille kaputtgemacht hat, Kontaktlinsen braucht oder eine neue Sonnenbrille (auch mit Korrektur) ist am richtigen

Ort. Die Optiker beziehen ihre Ware hauptsächlich aus Bangkok, es kann ein paar (4-5) Tage dauern, bis man eine neue Brille bekommt, dafür haben sie gute Auswahl und Qualität. Preislich sind sie oft wesentlich günstiger als zu Hause – aber es ist gut, wenn man die Preise kennt um vergleichen zu können. Ein Brillen Pass oder Rezept vom Augenarzt ist von Vorteil, ansonsten vermessen sie auch selber die Augen.

Andaman Optics in Bang La On gleich nach dem Viking Restaurant. Der wird oft empfohlen.

KTOptic beim Nang Thong Supermarkt in Bang La On.

NP Optical Shop in Bang Niang Beach

Souvenirs

Souvenirs aller Arten gibt es überall in Khao Lak: Vor allem in den Läden in Bang La On, auf dem Markt von Bang Niang, in manchen Bars oder Restaurants, an Straßen-Ständen ... Speziell für die Gegend sind:

Papier

Produkte mit **Sa Paper**, handgeschöpft, oft farbig mit sichtbaren Fasern. Es wird in Lampen und bemalten Papierschirmen verwendet, aber auch in Bücher, Bilderrahmen, Fächern und künstliche Blumen verarbeitet.

Schattenspiel-Figuren

Das Schattenspiel, Nang Talung genannt, ist spezifisch für Süd-Thailand und verwendet flache Puppen mit beweglichen Teilen. Gefertigt werden sie nicht aus Papier sondern Kuh-oder

Büffelhaut. An manchen Märkten kann man noch Vorstellungen sehen, auch wenn es nicht mehr so verbreitet ist. Kleinere Versionen der Figuren oder auch Bilder von Fischen, Elefanten oder Landschaft Szenen aus Papier geschnitten, aber mit erstaunlichen Details findet man als Bilder in manchen Souvenirshops oder auf Märkten.

Thailändische Seide

Thailändische Seide und Produkte aus Thailändischer Seide. Wunderbare Schals oder Krawatten, teils bunt gemusterte Stoffe, auch als Handtaschen, Bettüberwürfe, Kissen ... Bei den Kissen sollte man besser nur die Kissenbezüge nehmen und das nicht nur zum Platz sparen: die fertigen (oft dreieckigen) Kissen enthalten Naturfasern ... und gelegentlich auch Insekten, die man nicht unbedingt importieren will.

Lederwaren

Lederwaren aller Arten finden sich auf vielen Märkten inklusive Leder von Schlangen, Fröschen, Echsen, Krokodilen, Armadillo, Kuh und sogar Hühnern ... sie werden zu Schuhen, Gürteln, Geldbeuteln, Taschen etc. verarbeitet.

Kokosnussprodukte

Windspiele, Schalen, Salatbesteck, Affenstatuen ... und Kokosnussöl.

Thai Spa und Wellness Produkte

Ätherische Öle, Massage- und Körperöle, Kräuterpackungen und Kompressen, Peelings und Masken, Geschnitzte Seifen – wunderbar feine Kunstwerke, die aussehen wie echte Blumen. Steinmörser und Pistill zum herstellen von Thai Curry oder zerkleinern von Gewürzen in der Küche.

Thailändisches Essen und Alkohol

Während es unpraktisch ist (und teils verboten) frische Früchte oder gar frisches Fleisch oder Fisch mitzunehmen, gilt das nicht für Fertigprodukte wie Snacks, getrocknete Durian, Kokosnuss Candy, fertige Thai Curry Mischungen, Gewürze und Cashew-Nüsse!

Westlicher Alkohol ist wegen der Besteuerung ziemlich teuer in Thailand, aber lokale Produkte können auch sehr lecker sein und sind recht günstig. Sang Som Whiskey, Magic Alambic Rum (Koh Samui) oder auch Singha oder Chang Bier lassen sich meist gut mitnehmen – gehören aber nicht ins Handgepäck.

Elefanten

Natürlich nicht die lebenden und auch nicht ihr Elfenbein, aber da Elefanten das Symbol für Thailand sind, kann man seinen Besuch mit einem kleinen Erinnerungsstück mit einem Elefant drauf feiern. Bilder, Holzschnitzereien, Tasche mit Elefantenmotiv ...

Bilder (gemalte)

Ein etwas anderes Souvenir sind von einem lokalen Künstler gemalte Bilder. Ausser eines der fertigen ausgestellten Bilder zu kaufen kann man hier auch welche nach Vorlage (oder Idee) malen lassen. Die Gemälde auf Leinwand werden ohne Rahmen geliefert und können gerollt einfach mit nach Hause genommen werden.

Nasin Art in Bang La On, von der talentierten Künstlerin Atchara Nuntong, 60m nördlich vom McDonalds.

In Art Gallery neben dem P&Y Guest House und ein neuer Ableger direkt neben dem Bang Niang Markt gehören dem selben Künstler (Inplaeng Fansai), der 2012 von Krabi nach Khao Lak umgezogen ist.

Antiquitäten

Es kann gar nicht so viele Antiquitäten geben, wie sie in Thailands Antiquitäten Shops angeboten werden. Experten vom Nationalmuseum schätzen, dass es sich bei neun von zehn angebotenen Stücken um Fälschungen handelt ... die allerdings oft so exzellent gemacht sind, dass sogar einheimische Händler darauf hereinfallen. Antiquitätenfälschen hat sich vor allem im Norden zu einem eigenen kleinen Industriezweig entwickelt. Echtes ist also selten und dann sollte daran gedacht werden, dass jede Antiquität die ausgeführt werden soll eine Exportgenehmigung vom Department Of Fine Arts braucht. Buddha Statuen (egal in welcher Größe und wie alt) dürfen überhaupt nicht ausgeführt werden.

Schmuck, Gold, Silber, Edelsteine, Perlen

Günstigen Schmuck aus natürlichen Materialien gibt es an vielen Orten. Vorsicht ist geboten bei Produkten aus Muscheln, Horn oder Leder (ev. von geschützten Tieren?). Hübscher Silberschmuck kommt aus dem Norden Thailands. Auf Ausflügen nach Phuket wird oft die Gems Gallery angeboten, das sind Profis – allerdings zu entsprechenden Preisen. Wer kein Spezialist ist, lasse sonst die Finger davon da es viele Fälschungen gibt, auch bei Perlen: Obwohl aus Phuket natürliche Perlen kommen, sind manche davon künstlich: aus geleimten Perlenstaub.

Erinnerungen!

Erinnerungen sind die Souvenirs, die einem nicht mehr genommen werden können. In Khao Lak kann man viele schöne Erinnerungen sammeln, sei es auf eigene Faust oder mittels der zahlreichen Tourenanbieter. **Ausflüge** kann man buchen im Hotel, im Internet, bei den kleinen Tourist Information-shops vor Ort, sogar in manchen Restaurants.

Auf dem Longtailboat

Ein paar Tourenanbieter in Khao Lak: (es gibt noch viele mehr)

Khaolak Land Discovery – https://www.khaolaklanddiscovery.com

Mr. Moo Tours – http://www.mr-moo-tours-khaolak.com

Easy Day Khao Lak – http://www.easydaykhaolak.com

Khao Lak Vista Tours & Travel – http://www.khaolakvista.com

Eco Khao Lak Adventure – http://ecokhaolak.com

Green Andaman Travel – https://www.greenandamantravel.com

Toms Thailand Touren – http://toms-thailandtouren.de (deutsch)

Treffpunkt Khao Lak – http://www.treffpunktkhaolak.de

II

Inseln, Wasserfälle, Tempel, Tsunami und mehr

Jeder muss wissen, worauf er bei einer Reise zu sehen hat und was seine Sache ist.

Johann Wolfgang von Goethe

Zu tun und zu sehen

Tauchen, Schnorcheln und die Inseln

Khao Lak war schon bevor es touristisch bekannt wurde ein Geheimtipp für Taucher und Schnorchler. Inzwischen bekannte, schöne Tauchorte liegen direkt in der Nähe im Meer vor der Küste: die **neun Similan Inseln**, Koh Bon (20 km nördlich der Similan), **Koh Tachai** (45 km nördlich), Richelieu Rock (85 km nördlich), die **Surin Inseln** und **Wracks** wie die Boonsung, Premchai und Sea Chart.

Ausflüge und Tauchkurse kann man an zahlreichen Orten in Khao Lak buchen. Da reicht die Spanne vom Halbtageausflug bis zu mehrtägigen Touren, bei denen man auf dem Tauchboot übernachtet. Die bekanntesten Ziele beschreibe ich anschliessend. Man kann dieselben Ausflüge auch machen, wenn man nur schnorchelt. Von Land aus ist das **Schnorcheln** in Khao Lak nicht ideal: das Wasser fällt nur sehr langsam ab und der Sand wird durch die Wellen, die hier nicht von einem Korallenriff vor der Küste gebrochen werden aufgewirbelt, so dass die Sicht nicht optimal ist.

Tauchen ist ein toller Sport. Die Unterwasserwelt so nahe (und lange) erleben zu können ist wunderbar – und hier, wo man es geradewegs an so tollen Tauchplätzen anwenden kann lohnt es sich umso mehr das zu lernen. Bei der Auswahl achte man darauf, dass der Kursgeber PADI oder SSI qualifiziert ist. Die Ausbildung hat es in sich und man muss einige Tage darin investieren.

Wer unsicher ist, kann einen (eintägigen) Einführungskurs machen – wobei man hier oft schon einen richtigen Tauchgang auf den Similans bis 12 m Tiefe inklusive hat.

Die **Preise** sind nicht ganz ohne, allerdings muss man bedenken, dass dies inklusive Material ist (Schnorchel, Flossen, Maske, Anzug, Flasche, Weste), und Lernmaterial und geführte Ausflüge unter Aufsicht an die Tauchorte beinhaltet. Ein Einführungskurs von einem Tag kostet ca. 6000 Baht. Der Open Water Kurs inklusive lokale Halbtagestour und Tagestour kostet ca. 15'000 Baht.

Kinder können mit 8 Jahren den Bubblemaker, einen Einführungskurs im Pool machen: bis zwei Meter Tiefe. Dabei werden sie von den Eltern und einem erfahrenen Tauchlehrer begleitet und instruiert. Preis ca. 1500 Baht. Das Mindestalter für Junior-Tauchkurse ist 10-12 Jahre.

fantastische Unterwasserwelt

Tauchschulen und Tauch-/Schnorchel-Ausflüge

Hier sind ein paar Anbieter von Tauch- und Schnorchel Ausflügen sowie Tauchkursen in Khao Lak. Es gibt noch einige mehr.

IQ Diving, Bang La On (gegenüber dem McDonald an der 4). Tel +66 76 485614, Familienfreundlich und auf Sicherheit bezogen. Padi und SSI. http://www.iq-dive.com/

Khao Lak Explorer, Bang La On (gegenüber dem McDonald an der 4). Tel +66 84 3258106 https://www.khaolakexplorer.com/ Tagesausflüge auch Liveaboards (mit Übernachtung) zu den Similans, Ko Phi Phi und allen Tauchplätzen in der Umgebung. Padi 5*

Sea Bees Diving 10fach Gewiner des „Golden Dolphin Award" in der Kategorie „Best Diving Company Indio Pacific" – Hauptbasis in Phuket mit Büros in Khao Lak und Phi Phi Island, Nai Yang und Pak Meng. Tel: +66 76 381 765 http://sea-bees.com/diving-khao-lak/

Kon-Tiki Khao Lak Diving & Snorkeling Center, Bang La On (Beim Nang Thong Supermarket in Richtung Meer [Nang Thong Rd]. {}200 m auf der linken Seite.), Tel +66 76 485378, http://www.kontiki-khaolak.com/. Seit 1996 eine der am längsten in Khao Lak operierenden Tauchzentren. Ableger in Krabi, Koh Lanta und Phuket. PADI, tägliche Ausflüge

Manta Point Dive Center, Bang La On (Neben to Dr. Chusak, Krungsri Bank, am nördlichen Ende), Tel +66 89 8728213, http://www.mantapoint.com/. Khao Lak Tauchsafaris seit 1999. Liveaboards and Tauchausflüge zu den Similan Islands und Richelieu Rock. PADI. Nitrox Tauchen, Schnorchelausflüge

Sea Dragon Dive Center, Bang La On (Am nördlichen Ende an der 4, auf der Inlandseite), Tel +66 76 485420, http://www.seadragondivecenter.com/. 5* PADI IDC. Gegründet 1993, Khao Lak's erstes Tauchzentrum. Heute hat es 6 verschiedene Boote - Tauch- und Schnorchelausflüge für jedes Alter und Geschmack. Multilingual.

Wicked Diving, Bang La On (Hauptstraße neben dem Viking Steakhouse in Bang La On), Tel +66 76 485868, http://wickeddiving.com/wd-locations/khao-lak/. Ausser Kursen auch liveaboards 3-5 tägig zu den Similan und Surin Inseln. Schnorchelausflüge zu den Surin Inseln mit Übernachtung in Gruppen bis maximal sechs Personen.

Similan

Nur etwa 70 km vor der Küste liegt der **Similan Island Marine National Park**. Dazu gehören 140 km2 und neun Inseln, nur zwei davon sind für Touristen zugänglich: Insel Nr. 4 und 8. Auf diesen Inseln gibt es Toiletten und ein Restaurant und sie sind Ziel vieler Tagesausflüge.

DG 8.65786, 97.64667 / GMS N 8°39'28.296'' O 97°38'48.012''

Sail Rock, Similan Islands

Ablauf einer Tagestour zum Schnorcheln / Sightseeing

Man wird im Hotel an der Lobby abgeholt (Zeit: früh am Morgen, abhängig davon wie viele andere Hotels noch angefahren werden. Zwischen 7 Uhr bis 9 Uhr). Man wird zum **Pier** gebracht – meist der **Thap Lamu** (im Süden), gelegentlich auch **Bang Muang** (im Norden). Abhängig von Tourenorganisator und auch Ebbe/Flut.

Am Hafen wird man ausgerüstet mit Schnorchel, Flossen und Maske (alles passend auf die Größe und auch in Kindergrößen).

Vor der Bootsfahrt gibt es ein paar Minuten Informationen über die besuchten Inseln und Tauch-/Schnorchelstellen und man hat die Möglichkeit Tabletten gegen Seekrankheit zu nehmen, die sie dort gratis anbieten (Wirkstoff: Dimenhydrinat 50mg). Wer schon weiß, dass er empfindlich ist, dem empfehle ich das, ansonsten ist es gut, eine mitzunehmen „für den Fall" – denn die darauf folgende Fahrt mit dem **Speedboat** kann rasch sehr holperig werden, wenn der Wind auffrischt.

Auf dem Boot müssen Schwimmwesten getragen werden – es gibt bessere Plätze zum sitzen und schlechtere ... wobei ich die vorne im Boot, an der prallen Sonne (dafür mit Aussicht) nicht bevorzuge. Reden kann man wegen dem Motorenlärm nicht viel, aber es gibt gratis Getränke und gelegentlich sieht man schon fliegende Fische. Die Überfahrt dauert etwas über eine Stunde.

Ankunft bei den Inseln – mit wunderschönen runden Gesteinsformationen und türkisblauem Wasser mit vielen bunten Fischen und Korallen.

Oft wird dann erst Mal an einer Stelle **geschnorchelt**. Wenn man Glück hat sieht man auch Schildkröten (die teils mit Bananen angefüttert werden) und ganz sicher sieht man Korallen und viele bunte Fische. Eine Einweg-Unterwasserkamera oder wasserdichte Kamerahülle lohnt sich hier.

Das Wasser ist warm (meist an die 30 Grad) und die Sicht meist gut (außer es hat viel Wind).

Nach dem Schnorcheln (so ein Stopp geht etwa 30 bis 45 Minuten und auf einem Trip hat man zwei bis drei davon) geht es zur „Hauptinsel" mit weißem Strand – an dem legen nur alle Ausflugsboote an, also ist nicht viel mit „paradiesischer Ruhe" ... und man muss aufpassen. Die Insel hat einen Aussichtspunkt: **Sail Rock**, (siehe Bild) der relativ leicht erreichbar ist – eine kurze Kletterpartie, die man auch Barfuß hinter sich bringen kann – was aber eine im wahrsten Sinne „heiße Sache" sein kann auf den sonnengebrannten Felsen. Besser man hat Trekking Sandalen dabei (möglichst Wasserfeste).

Mittagessen ist auf der Insel zusammen mit den anderen Touristen. Es gibt (ganz anständiges) Buffet und danach die Möglichkeit noch etwas auszuruhen, bevor man sein Schnellboot finden muss und es (nach einem weiteren Schnorchelstopp) zurück geht. Zwischendurch gibt es immer wieder Früchte und Getränke, so dass für alles gesorgt ist.

Zurück am Pier gibt man die ausgeliehene Schnorchelausrüstung zurück (und zahlt für verlorenes Material), verteilt sich auf die Autos und wird zurück zum Hotel gebracht.

Eigene Ausrüstung dafür: Sonnenschutz (unbedingt und zwar hohen und wasserfesten), Badetücher, Badehosen oder -Anzug (schon angezogen), T-Shirt und Hose nach Belieben, (wasserfeste) Trekkingsandalen, Fotoapparat (eventuell mit wasserfester Hülle).

Der Nationalpark (und damit die Inseln) ist vom 1. Mai bis 31. Oktober geschlossen.

Koh Tachai

Die Insel liegt nördlich der Similan Islands und gehört erst seit 2012 zum zugehörigen Nationalpark. (DG 9.06903, 97.81096).

Der Strand ist **blendend weißer Sand**, den man leider seit Mai 2016 und auf unbekannte Zeit nicht mehr betreten darf, da entschieden wurde, dass die Insel zu sehr unter den Folgen des Tourismus leidet und man das Ökosystem schützen will. Schnorchel-Ausflüge finden also nur noch in die Nähe statt.

Die Transfer-Zeit hängt davon ab, welcher Hafen benutzt wird: Zwischen einer Stunde vom nördlichen Hafen bis 90 Minuten vom südlichen Pier.

Weisse Sandstrände. Meist nicht so leer.

Surin Inseln

Noch weiter nördlich liegen die Surin Inseln, die zusammen mit den Similan Inseln zu den besten Tauchgebieten in Thailand mit einer unglaublichen Unterwasserwelt gehören und ebenfalls von Khao Lak aus leicht erreichbar sind. Man kann nicht auf den Inseln übernachten, aber Tagesausflüge oder Live-Aboards (wenn man auf dem Tauchboot übernachtet) lohnen trotz des fehlenden Komforts. DG 9.43438, 97.86811 / GMS N 9° 26' 3.768'' O 97° 52' 5.196''

Tagesausflug

Abholung vom Hotel ca. 7 Uhr. Fahrt zum Pier. Fahrt mit dem Speed Boat zu den Surin Inseln. Schnorcheln in der Maeyai Bucht bei Chong Kard und Mittagessen auf der Insel beim Surin Informations-Zentrum. Besuch des Moken-Dorfes. Auf der isolierten Insel leben Seezigeuner. Schnorcheln vor Ao Tao und bei Pak Kard. Entspannen am Strand, danach Rückfahrt zum Pier und Transfer zum Hotel. Zurück ca. 18 Uhr.

Bei all diesen Ausflügen auf die westlich der Küste liegenden Inseln und Tauch-/Schnorchelgebiete lohnt es sich vorher einen Blick auf das Wetter zu werfen. Bei Wind (und Sturm) ist nicht nur die Überfahrt ruppiger, sondern auch die Sicht im Wasser schlechter. Außerdem muss damit gerechnet werden, dass es dann zu Änderungen im Plan kommt.

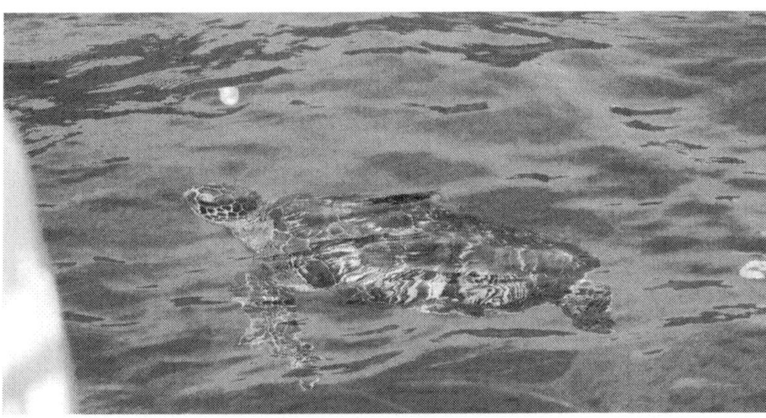

Wasserschildkröte

Insel Koh Kham und Laem Son Nationalpark

Ein noch nicht so bekanntes Ausflugsziel vor der Küste. Der Koh Kam Archipel (Gam Islands) besteht aus fünf Inseln etwa 70 km nördlich von Khao Lak. Um die Inseln herum wurde ein Nationalpark deklariert, der Laem Son Park, zu dem auch ein Teil des Festlands bei Ranong gehört. Der Nationalpark erstreckt sich über 100 km genau an der Grenze der Provinzen von Phang Nga und Ranong und umfasst ein Gebiet von 350 km2. Er ist touristisch noch praktisch unerschlossen und wird von Ausländern kaum besucht. Den Hauptteil der Gäste bilden direkte Anwohner, die dort in kleinen Gruppen ihre Wochenenden oder Feiertage genießen. Die Gegend um die grünbewaldeten und bergigen Inseln ist sehr flach und im Wasser hat es Felsen nahe der Oberfläche, was die Navigation mit dem Boot erschwert. In der Reisezeit zwischen Oktober und Mai sind die Strände am azurblauen Meer betörend schön. Unter dem Wasser beträgt die Sichtweite aber wegen der Nähe zum Festland mit seinen Flussmündungen generell weniger als 10 Meter – weshalb das mit dem weitgehend unberührten Ökosystems mit einer Vielzahl an Korallen und Riff-Fischen vor allem etwas für erfahrene Schnorchler ist. Hier stehen die Inseln selber, ihre Strände und unberührte Landschaft im Vordergrund. Ort: 70 km nördlich von Khao Lak. DG: 9.50883, 98.35424 / GMS: N 9° 30' 31.788'' O 98° 21' 15.264''

Einige (wenige) Tourenanbieter bieten **Ausflüge** hierher an:

In Khao Lak wird man dabei morgens vom Hotel abgeholt, an den Baan Nam Ken Pier (nördlich, gegenüber von Ko Kho Khao) gefahren und durch die Mangroven mit dem Schiff zum Nationalpark gebracht, wo man die Lagune besuchen kann und an einsamen Stränden ausspannen oder schnorcheln gehen. Snacks, Früchte und Getränke sind inklusive, auch die Nationalparkgebühr und Schnorchel Ausrüstung wird gestellt. Die Touren halten im Normalfall an einem Restaurant, an dem man ein Picknick kaufen kann. Zurück im Hotel gegen 17 Uhr.

Tourenanbieter zum Beispiel http://similanstour.com/koh-kam/ Similancharter and Tour

Selbstfahrer könnten die Tour auch machen, indem sie eine Nacht im Wasana Resort bei Ranong buchen. Das Hotel offeriert Bootsausflüge (Tagesausflüge) schon ab 600 Baht pro Person, Exklusive Nationalparkeintritt, aber inklusive Essen, Trinken und Schnorchelausrüstung. https://www.wasanaresort.org/

Wasserfälle

Sai Rung

Sai Rung (auch Pak Weep oder Rainbow Wasserfall genannt) ist der von Khao Lak am besten zugängliche Wasserfall. Der insgesamt 60 m hohe Wasserfall wird in etwa 20 m Höhe von einer breiten Stufe unterbrochen, die das Wasser recht imposant in die Tiefe stürzen lässt. Ein kühles Bad ist hier so gut wie immer möglich, da der Wasserfall fast immer Wasser führt und sich auch am Ende der Hochsaison (im April) noch

Wasser im unteren Becken befindet. Dieser Umstand macht den Wasserfall zu einem beliebten sonntäglichen Ausflugsziel für viele Thaifamilien.

Ort: Die Straße geht knapp nördlich von Bang Niang ab von der Hauptstraße 4 auf Höhe des Kilometers 71, ca. 500 m hinter der Einfahrt zum Hotel Le Meridien Beach Resort / oder aber über die Straße in Höhe des Kilometers 72. Nun den kleinen Betonstraßen bis zum Schild Richtung "Rainbow Waterfall" folgen (zwischen einem und zwei Kilometern) und dann rechts abbiegen. Nach weiteren rund eineinhalb Kilometern gelangt man zum Parkplatz am Ende der Straße. Nur noch ein kurzer Spaziergang (ca. fünf Minuten) und man ist am Ziel. DG 8.74143, 98.27988 / GMS N 8°44'29.148'' O 98°16'47.568''

Ton Chong Fa Waterfall

Der Fünfstufige Ton Chong Fa Wasserfall führt das ganze Jahr über Wasser, so dass einer Abkühlung bzw. Dusche in den meist knietiefen bis hüfthohen Wasserlöchern nichts im Wege steht. Am Ende der Hochsaison im April ist das Baden aufgrund des herrschenden Wassertiefstands meist nur noch im großen Wasserloch der zweiten Kaskade möglich.

Zum Ton Chong Fah Wasserfall, der vom Bang Niang Kanal gespeist wird, gelangt man über die kleine Straße, die in Höhe des Kilometers 62,7 (in Bang Niang) von der Hauptstraße 4 abzweigt. Der Straße durch die schöne Landschaft bis zum Schild zum "Chong Fah Waterfall" folgen und dann rechts abbiegen. Nach weiteren fünf Kilometern kommt man zur Einfahrt zum **Lamru Nationalpark** in dem der Wasserfall liegt. Nachdem man 200 Baht Eintritt (Kinder 100 Baht) gezahlt hat, geht es weiter zum Parkplatz. Ort: DG 8.65626, 98.28714 / GMS N 8°39'22.536'', O 98°17'13.703''

Nach einem recht anstrengenden Fußmarsch (wenigstens durch schattigen Wald) von ca. 15 bis 20 Minuten gelangt man zur ersten Kaskade des 200 m hohen Wasserfalls. Wer weiter hinauf möchte, findet rechts neben dem Wasserloch einen kleinen ausgeschilderten Weg nach oben. Es lohnt sich, denn bei der obersten, fünften Stufe fällt das Wasser mehr als 20 Meter in die Tiefe und mit etwas Glück kann man den seltenen Schwalbenschwanz, andere hübsche Schmetterlinge, Insekten und Vögel beobachten. Der Nature Trail geht danach noch weiter. Der Weg bis zum Ende (dem Lam Ru Yai Kanal) ist etwas über vier Kilometer - man muss allerdings wieder zurück. Die Dauer wird mit vier Stunden angegeben und da der Trail im Nationalpark liegt, sollte man ihn nur mit Führer machen.

Der Wasserfall ist hübsch – allerdings ist das der einzige Ort in Khao Lak, wo wir uns einmal Blutegel aufgelesen haben. Nicht mal unbedingt im Wasser, die sitzen teils auch im Gebüsch. Sie sind zwar ziemlich eklig, aber gesundheitlich ungefährlich. Tatsächlich ist das ein Zeichen für eine ziemlich naturbelassene Umgebung. Entfernen lassen sie sich entweder indem man wartet, bis sie voll sind und von selbst loslassen (etwa 20 Minuten) oder indem man sie vorsichtig abkratzt (nah an der Haut).

Übrigens kann man mit der **Eintrittskarte** den Lam Ru Nationalpark innerhalb der nächsten 72 Stunden mehrmals besuchen. – Zum Beispiel um die kurze Küstenwanderung zu machen, oder den Lam Ru Wasserfall zu besuchen.

Ton Pling Waterfall

Der Wasserfall liegt südlich am Fuße des Berg Lak und ist Teil des Lamru Nationalparks - auch wenn man hier keinen Eintritt zahlen muss. Einstufig, aber in drei Teile geteilt, mit einem großen Stein im Wasser direkt davor. Auf älteren Bildern sieht man noch eine Holzbrücke, die über das Becken unter dem Wasserfall führt. Die ist heute jedoch eingestürzt: nur noch die Reste der Betonpfeiler sind sichtbar. Hierher kommen außer den Touren auch einheimische Kinder zum baden und die Mütter zum Kleider waschen. Es ist ein gut erreichbares Ausflugsziel auch für Familien. Der kurze und steile Weg geht etwa bei Kilometer 55 von der Hauptstraße 4 ab zu einem Parkplatz sehr nahe am Fall. DG 8.61556, 98.24542 / GMS N 8°36'56.016'', O 98°14'43.511''

Ton Pling

Lampi Wasserfall

Etwa 30 Minuten südlich von Khao Lak neben der Hauptstraße 4 beim Kilometer 33 Schild geht die Straße zum Lampi Wasserfall ab. Der Weg vom Parkplatz bis zum Wasserfall ist kurz (ca. fünf Minuten zu Fuß). Es ist ein netter dreistufiger Wasserfall, am besten zu besuchen am Morgen oder am späten Abend. Das Becken unter dem Wasserfall ist tief genug, dass man hier schwimmen kann – was auch die Einheimischen tun. Hier hat es immer Leute, da der Wasserfall ein beliebter Besuchspunkt nach diversen Touren ist. DG 8.46443, 98.28009 / GMS N 8°27'51.948'' O 98°16'48.324''

Ton Prai Wasserfall

Noch etwas weiter südlich gelegen ist dieser dreistufiger Wasserfall, der nach einem etwas anstrengenden (aber nur 650 m langen) Kletterweg durch den Dschungel erreicht wird. Der Weg ist gut angeschrieben, führt aber über Wurzeln, Bambusbrücke, Stein und Betonpfad. Der Wasserfall ist dafür relativ ruhig und nicht so stark besucht (manchmal täuscht ein voller Parkplatz, der aber auch für einen nahen Campingplatz gebraucht wird).

Ort: Der Wasserfall liegt 30 km südlich von Khao Lak – man nehme die Strasse 1030. Der Weg von der Hauptstraße 4 führt über sechs Kilometer und wird zunehmend enger und bewaldeter. Beim Visitor Center bezahlt man Eintritt (100–200 Baht) DG 8.43654, 98.30888 / GMS N 8°26'11.544'' O 98°18'31.968''

Lam Ru Waterfall

Der recht hübsche und einfach zu erreichende Lam Ru Waterfall liegt rund 35 km von Khao Lak entfernt, in der Nähe der Ortschaft Kapong. Er gehört zum (östlichen) Teil des **Lam Ru Nationalparks**. Der sieben-stufige Wasserfall, der seinen Ursprung im Kapong Kanal hat und in Bambus-, Rattan-, Palmen- und Farnwäldern eingebettet ist, führt das ganze Jahr über Wasser. Über einen schmalen Fußweg auf der rechten Seite gelangt man bis zur obersten Stufe, auf der man auch baden kann. Diese Stufe ist völlig waagerecht und erinnert an den Planschbecken.

Ort: Man fährt auf der Petchakasem Road (der Hauptstraße 4) Richtung Süden (Phuket) und biegt an der großen Kreuzung nach links auf den Highway 4240 Richtung Thung Maphrao ab. Dann der Straße bis zur nächst-größeren Kreuzung folgen und links in den Highway 4090 abbiegen. Diesem folgen und nach ca. 15 km rechts in die kleine, frisch asphaltierte Nebenstraße (3045) Richtung "Lumru Waterfall" abbiegen – der Weg ist nur thailändisch angeschrieben. – Wer nicht einen großen Umweg fahren will indem er den englisch angeschriebenen Schildern durch Kapong folgt, nimmt die. Es lohnt sich! Nach 4,5 km deutet das Schild "Lumru Waterfall 800 m"nach rechts in eine schmale Schotter-/Betonstraße.

Hier hat es eigentlich eine Schranke zum Lam Ru Nationalpark, wo man 200 Baht pro Person (Kinder 100 Baht) zahlen muss – bei uns war die Schranke im April jedoch immer geöffnet und niemand zu sehen. Man parkiert wenig weiter beim kleinen Parkplatz. Nach einem zweiminütigen Fußweg rechts vorbei am kleinen Damm ist man am Ziel. DG 8.43654, 98.30888 / GMS N 8°26'11.544'' O 98°18'31.968''

Hin Lahd Waterfall

Der Hin Lahd Wasserfall liegt acht Kilometer nördlich des Lam Ru Wasserfalls. In ihn münden gleich drei Flüsse auf einmal. Außer dem kristallklaren Wasser und der felsigen Rückwand, die aussieht wie aus Ziegeln gebaut, bietet der Wasserfall nichts Spektakuläres. Er ist Treffpunkt für die Kinder der angrenzenden Dörfer, die sich hier abkühlen. DG 8.65697, 98.46211 /GMS N 8°39'25.092'' O 98°27'43.595''

Tam Nang Wasserfall

Nun noch ein echter Geheimtipp: Der Wasserfall im **Sri Phang Nga Nationalpark**, nur etwa 30 Minuten nördlich von Khao Lak. Laut Parkwebsite ist der Tam Nang Wasserfall 63 Meter hoch – der wohl größte in der Umgebung. Erstaunlicherweise ist er bis auf ein paar Einheimische sehr spärlich besucht. Wir hatten ihn über eine Stunde für uns alleine, bis etwa um 12 Uhr ein paar weitere thailändische Besucher auftauchten. Im Becken unter dem Wasserfall kann man schwimmen ... mit teils großen Fischen, die an einem zu knabbern versuchen.

Ort: Man nehme die Hauptstraße Nr. 4 nach Norden, bis sie sich nach Takua Pa teilt in den Weg nach rechts in den **Khao Sok Nationalpark** und geradeaus hoch nach **Ranong**. Auf diesem Weg, etwa 40 km nördlich von **Takua P**a liegt der Nationalpark Sri Phang Nga. Er scheint bisher von den Touristenhorden nicht entdeckt worden zu sein, selbst der phantastische Wasserfall nicht.

Der Abstecher in den Nationalpark ist gut angeschrieben – die Straße in den Park hinein wird stellenweise etwas eng, was einen aber nicht irritieren sollte. Der Eintritt kostet (50 - 100 Baht). Beim Haupteingang steht ein Schild, dass der Wasserfall etwa 1,5 km entfernt ist ... aber das muss man nicht alles laufen. Mit dem Auto fährt man bis zu einem Parkplatz, wo auch ein Stand mit Fischfutter ist, das man erwerben sollte (für etwa 20 Baht).

Man folgt zu Fuß dem angeschriebenen Weg erst abwärts zum Fluss, wo sich eine Menge Fische tummeln, die wissen, dass sie gefüttert werden. Man sollte nicht alles Fischfutter loswerden, denn nach dem Weg ca. zehn Minuten auf und ab durch den grünen Dschungel kommt man zum großen Sri Tamnang Wasserfall wo es auch Fische hat. DG 8.99635, 98.46823 / GMS N 8°59'46.86'' O 98°28'5.628''

Weitere Wasserfälle finden sich im **Khao Sok** (siehe Tipps da, zum Beispiel der **Mae Yai Waterfall**), bei **Phang Nga** - zum Beispiel im **Sa Nang Manora Forest Park** (siehe Tipps bei Phang Nga) und auf **Phuket** -zum Beispiel der **Bang Pae Waterfall** im Norden beim Gibbon Project.

Beeindruckender Tam Nang Wasserfall

Tempel und Religion

In Thailand gibt es gibt keine offizielle Staatsreligion und es herrscht Religionsfreiheit. 95% der Einwohner gehören aber dem Theravada Buddhismus an – und der König sogar von Gesetzes wegen. Thailands Buddhismus hat eine starke Unterströmung von Hinduismus und ein thailändisch-chinesischer Teil praktiziert diverses chinesische Volksreligionen, inklusive Taoismus. Im südlichen Teil von Thailand sind ein Teil der Bevölkerung (hauptsächlich Malayen) Muslime, diese machen etwa fünf Prozent der Gesamtbevölkerung aus. Christen sind nur etwa ein Prozent.

Buddhistische Mönche sieht man vor allem morgens durch die Straßen wandern. Sie haben meist eine Schale mit sich, in der sie Essenspenden empfangen. Frauen können im Theravada Buddhismus nicht Mönch (oder Nonne) werden, aber sehr viele Männer haben als Jungen eine Zeit als Novize in einem Kloster verbracht – früher war das die einzige Möglichkeit an eine (höhere) Ausbildung zu kommen. Heute gibt es dafür das staatliche Bildungssystem, das aber auch noch oft mit den Tempeln und Mönchen zusammenarbeitet.

Der Besuch der Tempel steht auch Touristen frei, allerdings sollte man sich respektvoll verhalten und anständige Kleidung tragen: Miniröcke oder kurze Hosen und Oberteile mit Spaghettiträgern sind nicht okay, genau so wenig wie oben ohne bei Männern. Manche Tempel verkaufen oder vermieten beim Eintritt auch passende Kleidungsstücke.

Vor dem Betreten des Tempels muss man die Schuhe ausziehen. Bei den Tempeln hat es deshalb oft Schuhregale, man kann sie auch einfach vor den Stufen auf den Boden stellen.

Nicht auf die Türschwelle treten: da leben die Hausgeister und wenn man denen auf den Kopf tritt, bringt das Unglück.

Keine Buddha Figuren anfassen oder besteigen. Außerdem wird schon am Flugplatz darauf hingewiesen, dass man keine Buddha Figuren und Bilder kaufen und ausführen soll.

Fotografieren mit Respekt: auf Blitzen verzichten, Personen vorher fragen, ob sie einverstanden sind.

Die Thailänder sind aber wirklich sehr locker, was das Verhalten der Touristen angeht ... und in den Tempeln ist die Atmosphäre auch oft alles andere als gedämpft.

Tempel in Khao Lak

In Khao Lak hat es zwei große hübsche thailändische Tempel, praktisch gelegen an der Hauptstraße 4:

Wat Khomniyaket direkt bei der Einfahrt des JW Marriott (mit Tierfiguren, die auf den animistischen Teil der Religion deuten).
DG 0.70597, 98.25747 / GMS N 8°42'21.492'' O 98°15'26.891''

Wat Pattikaram, südlich des Hügels beim Lampi Wasserfall.
DG 8.44248, 98.25738 / GMS N 8°26'32.928'' O 98°15'26.567''

In der Nähe des Polizeibootes in Bang Niang (gleiche Seite, etwas zurückversetzt) steht **Wat Phanat Nikhom**, ein kleiner aber feiner Tempel in weiss.

In Bang Niang in Richtung Strand und vor dem Paintballstadion hat es eine Tempelanlage **Wat Phadung, Tham Phothi Wat** mit einem großen, sitzenden weißen Buddha.

Detail Wat Khomniyaket

Sehr schöne und vor allem spezielle Tempel gibt es weiter südlich: **in Phang Nga** – dazu folgt man einfach der Hauptstraße 4 nach Süden und biegt statt nach Phuket zu fahren links auf Phang Nga ab.

Wat Suwan Kuha bei Phang Nga

Wat Suwan Kuha oder Wat Suwannakuha oder auch Wat Tham, auch bekannt als „der Tempel mit dem großen Buddha in der Höhle“.

Viele Touren und Touristen besuchen diesen Tempel, weshalb sich eine ganze Infrastruktur von kleinen Shops auf dem Parkplatz gebildet hat. Diese verkaufen neben Getränken, Eis, T-Shirts und weiteren Souvenirs auch Erdnüsse für die vielen **Affen** hier. Bei Touren sorgt der Führer mit einer Steinschleuder dafür, dass die Affen nicht zu aufdringlich werden, Einzeltouristen müssen selber wachsam sein, damit ihnen nichts abhanden kommt.

Der Eingang zur Höhle mit dem Buddha ist auf der rechten Seite des Parkplatzes durch ein schön (blau) angemaltes Tor. In der Höhle selber (man zahlt Eintritt), hat man außer der 15 m großen liegenden Buddha Statue einige kleinere goldenen Statuen und die Möglichkeit sich die Zukunft mittels aufgestellter Maschine vorhersagen zu lassen – das leider nur auf thailändisch.

Im hinteren Teil der Höhle führt eine Treppe nach oben (und außen). Folgt man ihr kommt man auf ein Plateau von dem aus links wiederum eine Treppe nach unten in eine hübsche Tropfsteinhöhle führt.

Ort: Erstaunlicherweise ist der Abzweiger von der 4 (nach links) nicht gekennzeichnet, oder zumindest nicht in englisch. Aber es hat ein Schild, das zum „Raman Waterfall National Forest“ zeigt – dem folgt man einfach. Nach etwa einem halben Kilometer kommt man zum großen Parkplatz des Tempels.

DG 8.42884, 98.47056 / GMS N 8° 25'43.824'', O 98° 28' 14.016''

Wat Suhan Kuha

Wat Thamtapan bei Phang Nga

Dieser Tempel ist etwas ... anders. Anfangs denkt man, man ist überraschend in einem etwas surrealen Disneyland gelandet. Aber hier hat es nicht nur Tierfiguren, sondern eine Menge teils beunruhigender Abbildungen, wie sich der Thailänder die Hölle vorstellt. Durch das Drachenmaul (und einen langen abwärtsführenden Gang dahinter) kommt man rechts in die Hölle - respektive, wenn man den Weg links der Felswand entlang nimmt, zur Andachtsstelle eines Mönches in einem Felsüberhang. Der Mönch segnet gerne auch einen Farang (Nicht-Thailänder) - gegen entsprechendes Gegengeschenk.

Die Buddhistische Hölle wird in Thai Narok genannt. Und wer die Bilder hier sieht, begreift, dass es eine gute Idee ist „gut“ zu sein im Leben.

Geht man geradeaus am Drachen vorbei, findet man im hinteren Teil der Tempelanlage auf der linken Seite Gedenkstatuen von Mönchen, ein großes Schaubild an der Felswand und rechts, etwas versteckt hinter den Hütten, eine wackelige und steile Treppe, die auf eine Aussichtsplattform und ein Schrein oben auf dem Hügel führt.

Ort: In Phang Nga selber, im nördlichen Teil. Man findet den Tempel am Ende der Soi Thamtapan, einer kleinen Seitenstraße. DG 8.45393, 98.52807 /N 8°27'14.148" O 98°31'41.051"

Wat Bang Riang bei Phang Nga

Der Tempel wird auch Wat Rat Upatam genannt und besteht aus mehreren Teilen. Eine große Tempelanlage am Fuß eines Hügels und ein paar Strukturen etwas verteilt oben auf dem Hügel. Die meisten Tourenanbieter fahren direkt hoch, was schade ist, denn eines der Tempelgebäude unten ist in Form eines Schiffes inmitten eines künstlichen kleinen Sees angelegt. Der Tempel oben auf den Hügeln kombiniert drei verschiedene Tempel-Stile: Thai, Chinesisch und eine Chedi Pagode. Eine große sitzende Buddha Statue blickt über das Land, die (chinesische) Göttin des Mitgefühls blickt daneben in die Ferne und in einem Schrein wird ein Zahn von Buddha aufbewahrt. Es hat viele Treppen, aber die Aussicht über die grünen Hügel lohnt sich. Ein Besuch im sehr pompösen Tempel mit dem Chedi ist mit entsprechend anständiger Bekleidung möglich (ansonsten kann man Überkleider hier kaufen) und kostet nur 20 Baht. Im Tempel innen kann man etwas für sein Karma tun und bei den verschiedenen Buddha Statuen Münzen einwerfen.

Ort: Der Tempel liegt ziemlich weit im Landesinnern, 40

km nördlich von Phang Nga. Der Tempel wird vor allem von thailändischen Touristen besucht, ist aber sehr sehenswert. DG 8.59346, 98.66891 / N 8°35'36.456" O 98°40'8.075"

Auf den Hügeln beim Bang Riang Tempel

Drei Tempel Tour

Die *Three Temples Tour* wird in unterschiedlicher Zusammensetzung angeboten. So gut wie immer dabei ist **Wat Suwan Kuha** in der Höhle und häufig **Bang Riang** auf dem Hügel. Es ist eine ganztägige Tour, inklusive Transfers, Tempeleintritte und Mittagessen / Getränke. Man wird morgens im Hotel abgeholt und besucht nacheinander die Tempel, wobei man etwas über die Religion und die Geschichte erfährt. Leider kommen diese Informationen oft etwas zu kurz, da viele Tourenanbieter ihre Aufgaben mehr im Transport sehen als etwas über Land und Leute zu erzählen. Dazwischen gibt es feines Mittagessen in einem thailändischen Restaurant, abends wird man wieder zurück gebracht. Weil die Tempel etwas entfernt liegen (speziell Wat Bang Riang) bedeutet das einiges an Autofahren, weshalb diese Tour nicht unbedingt etwas für Kinder ist. Man kann sie aber auch selber unternehmen oder anders zusammenstellen.

Geisterhäuser

Vor vielen Häusern in Thailand stehen diese kleinen Häuschen oder Schreine – meist auf Stelzen oder einem Sockel. Die Größe variiert von Schuhschachtelgroß bis zur Größe eines kleinen Einfamilienhauses hier. Es sind Geisterhäuser, Schreine für die Naturgeister in Thailand. Eigentlich sind das Reste des alten animistischen Glaubens, der aber vom Buddhismus geduldet wird. Sobald ein Grundstück erbaut wird, errichtet man diese Häuser für die hier lebenden Geister, um sie zu beschwichtigen. Man findet sie aber auch an unfallträchtigen Straßen. Den Geistern werden Opfer in Form von Speisen und Getränken gebracht und der Stil ist meist attraktiver als das Hauptgebäude – damit die Geister nicht dorthin wechseln …

Tsunami 2004

Khao Lak war eine der am härtesten betroffenen Regionen des Tsunamis, der im Dezember 2004 nach dem Erdbeben im indischen Ozean auftrat. Ein Großteil der Landschaft an der Küste wurde dabei zerstört. Die lokale Wirtschaft war ebenfalls stark betroffen. Zu dem Zeitpunkt befanden sich noch viele Resorts im Aufbau und wurden vom Tsunami zerstört. Das und der Verlust an Menschenleben (über 4000 – im Vergleich zu Phuket: 300) warf die aufsteigende Tourismusdestination stark zurück. Inzwischen hat sich Khao Lak aber erholt – die Resorts wurden wieder aufgebaut, die lokale Infrastruktur ebenfalls und die nicht vom Tourismus abhängige Population ist auf einem Level wie vor dem Tsunami. An Landschaft und Gebäuden ist (vor allem für das unerfahrene Auge) heute nichts mehr erkennbar von der Verwüstung, es gibt jedoch Plätze, an denen der Folgen des Tsunami gedacht wird.

Navy Boat 813

Eine bleibende Erinnerung an den Tsunami liefert das **Navy Boat 813**, das von der Welle ins Landesinnere geschoben wurde und das immer noch dort liegt – inzwischen ist es ein Denkmal.

Das Boot ankerte vor der Küste und hatte die Aufgabe auf ein Mitglied der königlichen Familie (den Enkel, der vor Khao

Lak Jetski fahren war) aufzupassen. Die Kraft des Tsunamis hat das fast 25 Meter lange Boot losgerissen und es über einen Kilometer ins Innere des Landes getragen. Der Enkel kam dabei ums Leben, seine Mutter, Prinzessin Ubolratana war an Land und konnte sich mit anderen in die oberen Stockwerke des Flora Resorts flüchten, wo sie überlebten. Das große Navyboat liegt noch heute an derselben Stelle, an der es angeschwemmt wurde – fast zwei Kilometer vom Meer entfernt im Landesinneren. Man ließ es als Memorial stehen. Über die Jahre wurde die Umgebung entwickelt, früher lag es auf der Seite, einsam in einem weiten, grünen Feld, heute ist das Boot und das Feld befestigt und Gedenktafeln erinnern an das Ereignis.

Ort: landseitig etwas hinter der Hauptstraße 4 gelegen, gegenüber dem Bang Niang Markt. Inzwischen ist es von der Straße nicht mehr so gut sichtbar, da dort neue Häuser gebaut wurden. DG 8.66649, 98.25469 / GMS N 8° 39' 59.364'' O 98° 15' 16.883''

Tsunami Museum

In der Nähe des Memorials, vorne an der Hauptstraße (etwas nördlich) liegt das **International Tsunami Museum**. Es bietet auf zwei Stockwerken kleine, ziemlich karge Räume mit Fotos und vor allem Videos, die in Dauerschlaufe auf kleinen Bildschirmen in den Räumen laufen mit Informationen über Tsunamis im Allgemeinen und über den Tsunami 2004 und die Auswirkungen auf Khao Lak und Umgebung im Speziellen.

Einige dieser Filme habe ich schon auf youtube gesehen, es sind Augenzeugenberichte und -aufnahmen die einem deutlich machen, welche Kraft diese Welle hatte ... und dass es nicht, wie man sich das oft vorstellt, eine Meterhohe Flutwelle ist, sondern eine unaufhaltsame Macht, die deshalb so gefährlich ist, weil sie eine Menge Trümmer mit sich schwemmt, die alles zerdrücken und weiter zerstören.

Tsunami Memorial im Navy Zenter

Direkt neben dem Sea Turtle Conservation Center auf der Phang Nga Naval Base gelegen findet man die Überreste eines weiteren Militärbootes und Opfer des Tsunamis von 2004. Das **Coastal Reconnaissance Boat T 215** der Küstenwache war eingeteilt als Begleitung für die Prinzessin Ubolratana. Das Schiff hat eine Verdrängung von 31 bis 35 Tonnen, ist 19.6 m lang und 5.3 m breit mit zwei Dieselmotoren, einer Besatzung von neun und war bewaffnet mit Kanone und Maschinengewehr. Es befand sich vor der Küste vor dem La Flora Resort, als der Tsunami kam, es beschädigte und zum kentern brachte. Dabei kam eine Person ums Leben. Der ganze Aufbau wurde dabei abgerissen – vom Boot ist nur noch die untere Hülle und die Abdeckung vorhanden, es sieht also wesentlich weniger repräsentativ aus als das Navy Boat 813 in Bang Niang. Heute liegt das Boot T 215 ebenfalls wo es gelandet ist, umgeben von einer kleinen Wasserfläche und mit einer Infotafel versehen und ist so das Tsunami Memorial der Naval Base.

Ort: Die Naval Base und der Golfplatz befindet sich ein paar Minuten südlich von Khao Lak, vor dem Hügel Lak – auf dem Weg zum **Tab Lamu Pier**. DG: 8.58113, 98.23397 / GMS: N 8° 34' 52.068'' O 98° 14' 2.291''

Tsunami Memorial in Baan Nam Khen

Ein sehr betroffener Ort war das Fischerdorf Baan Nam Khen, nördlich der Strände von Khao Lak. Dort steht heute der **Baan Nam Khen Tsunami Memorial Park**, etwas westlich des Dorfes (und des Piers zu Ko Kho Khao) gerade am Strand. Der Park ist gut unterhalten und hat ein kleines Museum mit vielen Fotos. Das Memorial besteht aus zwei längeren Wänden. Eine ist aus Beton und geformt wie eine große Welle, die gegenüberliegende Wand ist bedeckt mit Kacheln und Namensschildern, manche mit Fotos, andere mit frischen Blumen. Eine Wand voller Leute, die es nicht mehr gibt, die man aber nicht vergessen hat, darunter auch einige Europäische Namen.

Ort: An der Landzunge nahe dem Pier zur Insel Ko Kho Khao. DG 8.85919, 98.26523 / GMS N 8° 51' 33.084''O 98° 15' 54.828''

Tsunami Warnsystem

Wegen dem Tsunami hat man ein Warnsystem eingerichtet – das im April 2012 nach einem Erdbeben vor Sumatra erfolgreich getestet wurde und das eine Warnung etwa zwei Stunden vorher herausgeben kann – genug Zeit um höhergelegenen Grund zu erreichen.

Die Schilder, welche die Evakuations-Routen anzeigen sieht man heute an vielen Orten an der Küste ... auch wenn einige davon inzwischen ziemlich ausgebleicht sind. Sie deuten auf erhöhten Grund, wohin man sich im Falle einer Tsunami-Warnung zurückziehen sollte. Inseln wie Ko Kho Khao, die keine nennenswerte Erhebung aufweisen haben extra "Tsunami-Shelter" erbaut, mehrstöckige Gebäude aus stabilem Beton.

Elefanten

Asiatische Elefanten sind vom Aussterben bedroht. Von den um 1900 in Siam (wie Thailand damals hiess) etwa 200'000 wild lebenden Elefanten finden sich heute noch (optimistisch geschätzt) etwa 2000. Die Tiere, die seit Jahrhunderten als Nutztiere zum Bewegen von Lasten eingesetzt wurden und an deren Anzahl im Krieg die Macht des Herrschers gemessen wurde – sind heute durch Maschinen ersetzt. Das Waldschutzgesetz von 1989 in Thailand hat tausende Arbeitselefanten und ihre Mahouts arbeitslos gemacht. Auch deshalb versuchten die meist mittelosen Besitzer mit Hilfe ihrer Tiere Geld bei den Touristen zu bekommen. So ein Elefant verzehrt rund 200 Kilo Nahrung am Tag und er muss bewegt, versorgt und unterhalten werden. Viele der Mahouts machen das auch und kümmern sich gut um ihre Tiere. Natürlich gibt es auch Ausnahmen.

Dennoch sind Attraktionen mit Elefanten kontrovers diskutiert. Man sollte bedenken, dass das trotz allem Wildtiere sind, auch wenn die meisten heute in Gefangenschaft aufgewachsen sind; die Haltung erfolgt trotz aller Bemühungen nicht „artgerecht“: sie haben keinen Auslauf nachts, sie werden mit diversen Methoden trainiert. Gelegentlich finden sich bei so Touristenattraktionen deshalb auch Tiere, die dafür nicht geeignet sind – Männliche Elefanten kommen periodisch in die Must und reagieren dann aggressiv. Unfälle beim Elefantenreiten sind deshalb nicht so selten.

Elefanten reiten

Wer (trotzdem) Elefanten reiten gehen möchte, der kann auf folgendes achten um einzuordnen, wie die Elefanten behandelt werden. Bei schlechter Behandlung würde ich auf einen Ritt / die Attraktion verzichten:

- Hat der Elefant an den Gelenken, am Kopf oder am Hinterteil Narben oder Wunden? Diese können von den Werkzeugen der Mahouts stammen, womit sie ihre Elefanten kontrollieren. Es ist allerdings auch möglich, dass sie die vom Kratzen an Bäumen haben.
- Befinden sich an den Stellen Pulver? (weiß oder violett) – das wird oft zur Wundversorgung eingesetzt.
- Schüttelt der Elefant ständig mit dem Kopf oder weist er andere Verhaltensauffälligkeiten auf? – Das gibt es nicht nur im Zoo bei den Eisbären, sondern auch bei Elefanten.

- In welchem Zustand ist die Farm? Haben die Elefanten genug Platz?
- Wann und wo finden die Elefantenritte statt: Um die Mittagszeit ist es auch für die Elefanten ein Qual, wenn sie ohne Schatten in der prallen Sonne laufen müssen.

Wir sind schon diverse Male Elefantenreiten gegangen, was immer wieder ein Erlebnis ist. Dabei hatten wir verschiedene Anbieter, nur bei einem haben wir uns bisher nicht wohl gefühlt: einem der grössten Anbieter beim Khao Sok Park. Dort hatten wir einen ziemlich großen, (männlichen?) Elefanten und einen Mahout mit langem Stab mit scharfem Haken, der sichtbar nervös wurde, wenn Junior beim anschließenden füttern zu nahe an den Elefant kam. Ein paar Wochen darauf verunfallte in demselben Park ein Touristenpärchen, weil zwei Elefanten aufeinander losgingen.

Ich rate deshalb nicht grundsätzlich vom Elefantenreiten ab, aber man soll gegenüber der großen Tiere respektvoll und aufmerksam sein und auf sein Bauchgefühl hören. Wer nicht zu dritt auf einen Elefant will (auch unser Junior wird langsam schwerer) ... kann auch nebenher laufen. Mehr als 150 kg sollte auch ein Elefant nicht auf dem Rücken tragen müssen. Die metallenen Sitze sind für viele Elefanten eine Qual. In der Mittagszeit und an der prallen Sonne würde ich erst gar nicht auf einen Elefanten steigen.

Andere Aktivitäten mit Elefanten

Außer Reiten werden heute noch **andere Aktivitäten mit Elefanten** zusammen angeboten:

Zusammen **mit den Elefanten baden** gehen: Da hat es unterschiedliche Anbieter in Khao Lak – ich empfehle vorher gut zu schauen, wie das ist, ansonsten landet man statt in einem sauberen fließenden Gewässer mit dem Elefant in einem ziemlich trüben Tümpel.

Auch möglich: **Elefanten füttern und waschen**. Das haben wir vor ein paar Jahren entdeckt und bevorzugen das seitdem statt des Reitens – im Khao Sok Park, buchbar bei Elephant Hills.

Fast alle Touren-Anbieter haben Elefantenreiten im Angebot, manche inzwischen auch bei Khao Lak Baden mit Elefanten. Hier sind ein paar speziell **Öko-freundliche Anbieter für Elefanten-Kontakte**:

Elefant Hills beim Khao Sok Nationalpark: 2 bis 4 Tages-Touren inklusive Interaktionen mit Elefanten. Unterkünfte im Regenwald und auf dem Cheow Lan Lake in Luxuszelten. Sehr empfehlenswert. http://www.elephant-hills.com/

Phang Nga Elephant Park – etwa 20 Minuten von Khao Lak auf dem Weg nach Phang Nga. „Ethical Elephant Tours". Elefantenreiten (ohne Metallstühle) und Elefantenkontakt. Auch für Kinder! http://phangngaelephantpark.com/

EcoKhaolak: Halbtagestour Elefantenbaden im (sauberen) Fluss, Wasserfall, Turtle Conservation Center. http://ecokhaolak.com/elephant-trek-bathing/

Phuket Elephant Sanctuary: Neu eröffneter Park mitten auf Phuket. Für ehemalige Arbeitselefanten. Infos und Elefantenbegegnungen. http://www.phuketelephantsanctuary.org/

Thailändische Massage

Die Thailändische Massage ist weltbekannt und heute eröffnet in Khao Lak wohl kaum ein Hotel, das nicht auch ein -**Spa** im Namen hat und Massagen sowie weitere Behandlungen anbietet.

Außer im Hotel kann man sich natürlich auch **am Strand massieren** lassen. Vorteile: Vor Ort, sehr günstig (ab 300 Baht), teils schöne Aussicht aufs Meer. Nachteile: die Qualität ist sehr abhängig von der massierenden Person. Wie gut ist ihr Wissen und Können? Es kann auch im Schatten sehr heiß werden am Strand. Man schwitzt nicht nur selber, sondern auch für die massierende Person wird es sehr anstrengend. Für den eigenen Schutz würde ich mir auch die Unterlage gut anschauen und eventuell das eigene Badetuch dazwischen legen. Bei der Massage am Strand wird durch den Badeanzug massiert, was teils auch ein Hindernis sein kann.

Eine weitere Möglichkeit sind **Massagesalons,** die sich auch in Khao Lak finden. Das ist eine Stufe besser als am Strand, je nach Qualität auch mehrere Stufen ... wodurch sie an einen wirklich guten Hotel-Spa herankommen.

In Phuket / Patong haben wir das Let's Relax häufiger besucht, das ich sehr empfehlen kann. Dort kam es auch nie vor, dass mir ein „happy ending" vorgeschlagen wurde ... was gelegentlich je nach Ort noch vorkommen kann.

Frangipani. Dekorativ und Elegant

Für Euch hier den **Beschrieb eines Spa-Besuchs im JW Marriott: Quan Spa**

Man beginnt am Empfang mit einem kalten Tuch (es ist heiß draußen) und einem erfrischenden Getränk mit Grüntee.

Dann geht es in den Spa-Bereich. Ein eigenes Zimmer mit Vorzimmer, wo man sich umziehen kann: Ausziehen bis auf die Unterhosen – und eventuell Wechsel in die angebotenen, hygienisch eingepackten Unisize Netzunterhosen) und anziehen des Bademantels und der Badeschuhe.

Vor dem Start der Massage bekommt man ein Fußbad und ein Fuß-Peeling, wobei einem noch einmal erklärt wird, was jetzt kommt.

Danach liegt man auf die Massage-Liege. Erst auf dem Bauch,

dann (wenn sie es einem signalisiert) auf den Rücken, zum Schluss kurz sitzend.

Thailändische Massagen sind meist durch Stoff (spezielle Kimonos oder Badetuch) und ohne Öl – es gibt aber natürlich auch Misch-Massagen oder man wählt eine Aromatherapie- oder schwedische Massage. Die nicht massierten Körperteile werden immer abgedeckt, auch damit man nicht kalt bekommt. Die Räume sind klimatisiert.

Während der Massage hat man meist Blick auf ein hübsches Blumenarrangement auf dem Boden und lauscht sanften Klängen. Ich schaffe es regelmäßig dabei einzudösen, meiner Frau ist die Massage dafür aber meist zu ... energ(et)isch.

Nach Abschluss und wieder anziehen, lässt man die Wellness-Stunde mit einem süß-scharfen Ingwer Tee, ausklingen.

Ah ja – Preismässig ist das mit 2500-3000 Baht etwa 10mal höher als die Strandmassage ... allerdings wird einem da auch mehr geboten.

Beim Schneider

In Khao Lak hat es Schneider. Viele. (Letzte Zahlen die ich gehört habe sprechen von 30). Und manche davon beginnen mit Taktiken, wie sie unten in Patong schon seit einigen Jahren gebräuchlich sind: sie stehen auf der Straße und reden jeden an, in der Hoffnung, dass man herein kommt. Ich mag das nicht besonders, auf der anderen Seite ... so ein Besuch beim

Schneider ist tatsächlich etwas, was man in Thailand einmal machen kann / sollte. Man findet an wenigen Orten so günstig massgeschneiderte Kleider. Deshalb folgt hier **eine kleine Anleitung:**

Es ist von Vorteil, vorher schon einen Plan zu haben, was man denn machen lassen will und was man ausgeben will. Da gibt es verschiedene Möglichkeiten: Lieblingskleider, die nicht mehr ganz passen, kann man ändern lassen. Man kann sein Lieblingskleid oder -Anzug, -Hose oder -Hemd mit einem anderen Stoff (oder Länge etc.) nachnähen lassen. Dafür nimmt man es am besten mit zum zeigen. Man kann etwas ganz neu auf sich schneidern lassen. Als Vorlage dienen zum Beispiel Bilder aus Mode-Heften.

Man wählt aus den Stoffen im Laden. Wenn sie das gewünschte nicht vorrätig haben, holen sie oft auch aus anderen Läden Proben. – Hierbei sieht man übrigens sehr gut, dass diese „vielen" Schneiderläden oft dieselben Besitzer haben ... und nähen lassen diese paar Besitzer vermutlich an denselben Orten. Es hat sich gezeigt, dass es gut ist, auf die Empfehlungen beim Stoff zu hören. Nicht jeder Stoff ist für jede Art Kleidungsstück geeignet. Ich war bisher immer zufrieden – auch was die Haltbarkeit betrifft – da gibt es Seidenstoffe, die sich problemlos waschen lassen und die ich (als Hemden) seit Jahren verwende.

Nach der Auswahl von Modell und Stoff folgt das Abmessen.

Der Preis ist ein nicht ganz einfaches Thema. Ich kann nur empfehlen zu handeln ... und zwar nicht zu knapp. Damit und eventuell Mengenrabatt (wenn man gleich 3 Hemden herstellen lässt) bekommt man aber einen fairen (um nicht zu sagen: guten) Preis. Eine Anzahlung ist üblich – es empfiehlt sich aber, den Rest erst zu zahlen, wenn man alles hat und zufrieden ist.

Man vereinbart alles und macht einen Termin in ein paar Tagen ab (mindestens zwei), an dem man wieder zum Schneider kommt zur Anprobe.

Bei der Anprobe sind die Kleider noch ziemlich provisorisch, sie werden angezogen und der Schneider notiert mit seiner Kreide die noch zu machenden Änderungen. Man verabredet den nächsten Termin und kann dann das hoffentlich fertige Produkt anprobieren. Passt dann irgendwo etwas noch nicht richtig oder muss geändert werden, muss man halt noch einmal kommen. In der Regel passt es, man bezahlt (mit Kreditkarte meistens) und geht mit den maßgeschneiderten Kleidern nach Hause.

Bitte beachten: es gelten die Zollvorschriften der verschiedenen Länder für die Einfuhr von Waren: eventuell muss da noch Mehrwertsteuer bezahlt werden. Zum Abzug der Mehrwertsteuer muss man sich ein VAT Formular ausstellen lassen und das vor Abflug am Flughafen einziehen.

Cashew

Cashew Nüsse

Der beliebte Nuss-Snack ist aufwendig in der Herstellung. Die Nuß wächst einzeln am Ende einer fleischigen roten Frucht. Sie ist von einer harten Schale geschützt. Die Hüllen werden in der Sonne drei Tage lang getrocknet, da die gummiartige Hülle sehr säurehaltig ist und entfernt werden muss. Hautkontakt führt zu Brennen, weshalb die Nüsse so trocken wie möglich sein müssen für das Rösten. Die Röstöfen werden von jemandem unterhalten, der von Kopf bis Fuß bedeckt ist, bis auf einen schmalen Schlitz bei den Augen, damit er noch etwas sieht. Sobald die Nüsse abgekühlt sind, wird die Kohle abgekratzt. Jede Nuss muss danach einzeln von einem Arbeiter zum Öffnen in ein Gerät eingespannt werden, das in der Lage ist die harte Schale zu knacken.

Kein Wunder sind Cashewnüsse nicht ganz günstig. Leider gibt es keine Cashewnussfabrik in der Nähe, die man besichtigen kann, obwohl es welche in Takupa hat. Ausflüge auf Phuket bieten jedoch teils diese Gelegenheit … und wer die Augen offen hält, kann die Nüsse am Baum auch um Khao Lak entdecken.

III

Ausflugsziele, Attraktionen und Touren um Khao Lak

Die größte Sehenswürdigkeit, die es gibt, ist die Welt – sieh sie dir an.

Kurt Tucholsky

In der Nähe

Khao Lak Lam Ru Nationalpark

Der Khao Lak Lam Ru Nationalpark ist 125 km2 groß und reicht vom Meer im Westen bis ins hüglige Hinterland im Osten. Er hat den Namen nach seinen höchsten Erhebungen bekommen: Lak und Lam Ru. Der Teil, den man auf dem Weg nach Khao Lak durchquert (über den Hügel) ist nur ein Ausläufer. Das **Hauptquartier** liegt etwa 50 Meter neben der Hauptstraße 4, in Richtung Meer, der Weg dorthin ist beschildert und geht oben auf dem Hügel zu Khao Lak ab. DG 8.62685, 98.23904 / GMS N 8° 37' 36.66'' O 98° 14' 20.544''. Der Eintritt in den Park kostet, das Ticket kann 72 Stunden verwendet werden – auch bei anderen Parkeingängen.

Beim Hauptquartier startet der kurze, **drei Kilometer lange Nature Trail** entlang dem Cape. Dauer etwa eine Stunde mit Aussichtspunkten über Küste und Meer und einem schönen, einsamen Strand. Unbedingt genug zu trinken und festes Schuhwerk mitnehmen – auch wenn der Weg hier nicht so anspruchsvoll ist. Beim Visitor Center / Hauptquartier hat es ein Open-Air Restaurant mit Aussicht aufs Meer.

Im Park hat es diverse weitere Wanderwege, zum Beispiel den fünf, respektive sieben Kilometer langen **Namtok Ton Fa Nature Trail** (Dauer ca. zwei respektive fünf Stunden) – dafür braucht man aber einen Führer, den man beim Hauptquartier bekommt.

Der **Chong Fa und Ton Pling Wasserfall** bei Khao Lak befinden sich im Park so wie der **Lam Ru Wasserfall** – und der **Hin Lad Wasserfall**, beide im östlichen Ende des Parks bei Kapong.

Die **heißen Quellen von Kapong** befinden sich knapp außerhalb.

Orchid Garden and Butterly Farm Khao Lak

Ziemlich versteckt und etwas neben der Hauptstraße 4 steht ein kleines Schild, das den Weg weist in eine enge (nicht asphaltierte) Strasse zum Orchideengarten und Schmetterlingsfarm. Man denke sich das Papilliorama im Miniformat. Es ist ein hübscher kleiner Abstecher, der immer irgendwo dazwischen passt. Neben der kleinen Hütte mit der Kasse hat es einen Parkplatz. In der Hütte bezahlt man Eintritt und erhält Informationsmaterial (in vielen Sprachen, auch deutsch, englisch, französisch etc.) und eine Lupe. Gewundene Wege mit dazwischen **herumflatternden Schmetterlingen** führen einen durch einen tropischen Garten. Die Netze und Bepflanzung bieten auch in der prallen Sonne etwas Schatten und Kühle.

Auf der anderen Seite der kleinen Hütte geht es zur **Orchideenzucht.** Die hübschen Blumen sind eine der größten Pflanzengruppen und man findet sie an vielen Orten. Thailand ist bekannt dafür und beherbergt über 1100 Arten.

Im angehängten Mini-Souvenirshop gibt es Orchideenpostkarten, Schmuck, geschnitzte Seifen und auch junge Orchideen selber zu kaufen. Die darf man (mit Zertifikat) sogar nach Hause nehmen, da sie in sterilen Flaschen gezüchtet wurden und von der Regulation ausgenommen sind.

Geöffnet täglich von 9 bis 17 Uhr von November bis Ende April. Eintritt 100 Baht für die Orchideenfarm und 150 Baht für die Schmetterlinge.

Ort: Khuk, Khak: Von Phuket her kommend auf der Hauptstraße 4 nach Norden, einiges hinter Bang Niang und dem Markt. Nach einer leichten Rechtskurve sieht man die Tankstelle auf der linken Seite. Gegenüber der Tankstelle ist der Eingang auf der rechten Seite der Straße – zwischen Kilometer 64 und 65. Man darf den Weg bis zur Farm fahren. (DG 8.69411, 98.25682 / GMS N 8°41'38.796'' O 98°15'24.552'')

gepflegte Minigolfanlage

Khao Lak Minigolf

Minigolf in Khao Lak ist etwas zum unternehmen mit der ganzen Familie, wenn man Abwechslung vom Strand will. Der Platz liegt inmitten grüner Pflanzen und tropischer Landschaft, was den Ausflug auch bei Sonnenhitze erträglich macht. Die Bäume geben Schatten, dazwischen sprudelt ein Bächlein. Die Anlage ist in und um einen „alten Tempel“ im Stil von Angkor Wat gebaut und die Bahnen sind gut präpariert (wenn auch augenscheinlich etwas älter). Von den Schwierigkeitsgraden ist für jeden etwas dabei. Die Lieblingsbahn von unserem Junior war natürlich das Krokodil ins Maul zu treffen. Nach dem Golfen bekommt man im kleinen Restaurant auf der Anlage gratis eine Flasche Wasser und feuchte Tücher zum abkühlen. Tipp:

Mückenschutz mitnehmen! Preis: 450 Baht für Erwachsene, 350 Baht für Kinder

Ort: bei der Straße zum Chong Fah Wasserfall, Bang Niang Beach auf der linken Seite. DG 8.67177, 98.2574 / GMS N 8°40'18.372'' O 98°15'26.64''

Golf

Man braucht in Thailand keine Greencard um Golf zu spielen, aber Caddies sind obligatorisch. Sie kosten pro Runde 200 Baht aufwärts plus Trinkgeld in der gleichen Höhe. Dress-Code ist Golfkleidung: Hemd mit Kragen und Shorts. Badeshorts sind nicht erlaubt. Dazu Golfschuhe oder Trainer – wo man sie nicht mieten kann, kann man sie häufig günstig erwerben.

Tublamu Royal Navy Golf Kurs bei Khao Lak

18 Loch, 6825 Yard, par 72. Der Golfplatz liegt auf dem Gelände der Royal Thai Navy, seit 2002 ist er auch dem öffentlichen Publikum zugänglich. Er liegt nahe dem Sandstrand von Son Ngam in Ao Khao Lak – das ist die Originalbucht von Khao Lak südlich des Hügels. Der Golfplatz bietet hübsche Aussichten auf die Buch und die grünen Hügel Inland. 2004 wurde er vom Tsunami zerstört, ist jedoch komplett wieder aufgebaut worden und wird sehr gut unterhalten.

Green fee für 18 Loch: 2'200 Baht pro Person, Golf Cart 600 Baht, Caddy fee 200 Baht pro Person, Golfschläger Miete: 600-800 Baht. Täglich geöffnet von 6.30 Uhr bis 18 Uhr. Keine Website. Tel +66 76 443 288

Ort: Die Naval Base und der Golfplatz befinden sich ein paar Minuten südlich von Khao Lak, vor dem Hügel Lak – auf dem Weg zum Tab Lamu Pier. DG: 8.58475, 98.24708, GMS: N 8°35'5.1'' O 98°14'49.487''

Ratchaprapha Dam Golf Course

Nahe dem Khao Sok Nationalpark, beim Cheow Lan Lake und dem Damm gelegen bietet dieser Golfplatz eine einmalige schöne Lage mitten in der grünen Landschaft des Khao Sok Nationalparks mit exzellentem Layout. Der Platz ist etwas für sportlichere Naturen, da eher fordernd. 18 Loch, par 72. Der kürzeste Par 3 ist 165 Yard lang und hat ein Tee auf dem Hügel mit Ausblick über den gesamten Damm und das Tal. Green fee für 18 Loch: 1500 Baht, Buggy 400 Baht, Caddy 300 Baht. http://www.rajjaprabhadamgolfcourse.com/

Ort: nur wenig unterhalb des Dammes beim Cheow Lan See. DG: 8.96139, 98.80689/ GMS: N 8°57'41.004'' O 98°48'24.803''

Thai Muang Beach Golf Course

Gelegen in der Mitte zwischen Phuket und Khao Lak, direkt am Strand mit Aussicht über die Andaman See. Leider seit 2007 geschlossen „zur Renovation". Ob er wieder öffnet ist unklar, in Diskussion ist auch, dass hier in der Nähe ein neuer Flugplatz entsteht.

Katathong Golf & Resort

Neuer Golfplatz inmitten der grünen Hügel der phantastischen Landschaft bei Phang Nga. Man kann beim spielen diverse Wasserfälle hören und sehen. In der Gegend war früher eine Zinnmine und das Klubhaus wurde im Sino-Portugisischen Stil erbaut und enthält Erinnerungsstücke an diese Zeit.

Green fee: 3500 Baht für 18 Löcher, Golf Cart 700 Baht, Caddie 350 Baht. Golfschlägermiete 1500 Baht, Golfschuhmiete 250 Baht. http://katathong.com

Ort: Neben der 4090, der oberen Straße, die von Khao Lak nach Phang Nga führt. DG: 8.55993, 98.48155 / GMS: N 8° 33'35.748'' O 98° 28'53.579''

Golfplätze auf Phuket:

Gibt es diverse. In der Nähe des Flugplatzes (ca. eine Stunde Fahrzeit von Khao Lak) hat es zwei:

Mission Hills Golf Resort (daran kommt man beim Loop in Nord Phuket vorbei) Walk in Rate 3800 Baht. Inmitten von Kautschukplantage und am Mangrovenwald der Küste, mit Aussicht in die Phang Nga Bucht. http://www.missionhills-phuket.com/golf.htm

Blue Canyon Country Club. Dessen Kurse (einer ist öffentlich) sind um existierende Täler, Wäldchen, eine alte Zinn Mine und Kautschukplantagen herum konzipiert. In der Niedrigsaison oft geschlossen um die Green zu ersetzen. Walk in Rate 3800 Baht. http://www.phuketgolfcourse.com/blue-canyon-country-club.htm

Bamboo Rafting / Bambusfloss fahren

Etwas, das man zusammen mit dem Partner als romantischen Ausflug oder auch als Familie mit kleineren Kindern unternehmen kann. Das Flüsschen auf dem man fährt ist eher gemütlich und hat kaum Stromschwellen, dafür gleitet man auf den rustikalen Bambusflössen bequem (da vom Führer gesteuert) und halb im Wasser sitzend durch den grünen Wald und sieht Pflanzen, Vögel und Schmetterlinge.

Halbtagesausflug: Abholung vom Hotel morgens ca. 9 Uhr. Fahrt zum Flüsschen Kinagkoo. (Das muss irgendwo südlich liegen). Bamboo Rafting mit wunderbarer Aussicht durch den grünen Regenwald. Danach meist **Besuch des Sea Turtle Conservatoriums** bei Thai Muang und Schwimmen am Wasserfall zum Auffrischen. Retour im Hotel ca. 12 Uhr.

Bamboo rafting

Fahrradausflüge und E-Bike

Vom Fahrrad aus sieht man sehr viel mehr von der Umgebung als aus einem Fahrzeug und in Khao Lak entstehen immer mehr **Fahrradwege**, die ein sicheres Fortkommen ermöglichen. Andererseits ist es in Thailand speziell in der heißen Jahreszeit eher anstrengend mit dem Bike unterwegs zu sein, auch wenn die Gegend um Khao Lak herum weitgehend flach ist und sich für diese Transportmöglichkeit wirklich anbietet. Das mag mit ein Grund sein, weshalb man hier hauptsächlich Touristen auf Fahrrädern sieht ... und auch bei diesen eher die sportlichen und entsprechend ausgerüsteten. Dabei kann man Fahrräder an vielen Orten mieten – auch bei den Hotels selber.

E-Bikes oder Fahrräder mit elektrischem Antrieb bieten alle Vorteile des Fahrrads und dazu ein sehr einfaches, leichtes Fortkommen. Die Bedienung lässt sich innert ein paar Minuten lernen ... und falls der Motor einmal aussteigt, kann man immer noch weiterfahren.

In Khao Lak bietet neu Stefan Aebi einen Mietservice für E-Bikes: Den *Electric Bicycle Shop* (s. facebook) gibt es nur in der Hochsaison von November bis April. Bike Miete: 250 Baht pro Tag und Fahrrad. Eine Tour mit ihm bekommt man für 1000 Baht pro Person, Bike und Thai Lunch inklusive.

Kontakt: Tel 0937646299 / S.aebi@outlook.com.

Ort: In Bang Niang, Straße bei der Zantika Disko zum Strand nehmen und nach etwa 300 Metern auf der rechten Seite im grün-weißen Haus.

Tempel in Khao Lak. Mit dem Fahrrad gut erreichbar.

Ideen für Bike-Ausflüge:

Kleine Rund-Tour Khao Lak:

Start beim Shop – Tsunami Memorial – kleiner Tempel – Ton Chong Fa Wasserfall –zurück auf Khao Lak und Marktbesuch (Fresh Market morgens)– den Highway 4 queren – zum Tempel Wat Phadung mit der großen weißen Buddha Statue – am Strand von Bang Niang relaxen und etwas trinken in der Thai Beach Bar – zurück an den Start.

Rund ums Wasser-Tour:

Khao Lak – nördlich zum Sai Rung Wasserfall – etwas Essen im Klon Koo Restaurant im Fluß – beim Apsara Beach ans Meer – etwas trinken in der Memories Beach Bar – durchs Hinterland zwischen Strand und Highway 4 zurück nach Khao Lak.

Takua Pa Altstadt

Khao Lak – Khuk Khak – über die neue schöne Straße 4147 – Takua Pa Altstadt (Kombi mit Marktbesuch am Sonntag und Essen da) – Retour.

Koh Kho Khao Tagesausflug.

(Siehe Koh Kho Khao)

Paintball

Für die aktiven und abenteuerlichen Leute. Beim Paintball schießt man mit bunten Farbbällen aufeinander. Man trägt Schutzausrüstung, Helm und Schutzbrille. Da die Anlage in Khao Lak Outdoors ist (also draußen) ... kann das in der heißen Jahreszeit etwas warm werden, weshalb diese Aktivität entweder frühmorgens oder erst gegen Abend empfohlen ist. Kontakt: Tel: +66 91 8801177

Ort: Straße am oberen Ende des Stausees in Meeresrichtung, ca. 650 Meter.

DG 8.68069, 98.24654 / GMS N 8°40’50.484“ O 98°14’47.543“

Reiten / Horseriding

Der Khao Lak Horse Club hat 10 Pferde – eine Zuchtmischung aus Quarterhorse und Arabern, die freundlich sind und auch Reitanfänger gut tolerieren. Angeboten werden Reitstunden und Ausritte in die Hügel oder an den Strand. In der Hochsaison von November bis April 7 Tage die Woche, in der Nebensaison an Tagen an denen es nicht regnet.

Preise: Mountain Trail 2'500 Baht, Beach Trail 3000 Baht, Lektion: 1 Stunde 1500 Baht, 5 Stunden 5000 Baht. Telefon: +66 93 727 1552. http://dianitacampillo.wixsite.com/khaolakhorseclub

Ort: An der Straße zum Chongfah Wasserfall, etwa zwei Kilometer von der Hauptstraße entfernt.

Thai Boxing Kurs

Muay Thai ist die traditionelle Kampfkunst Thailands mit Wurzeln die hunderte Jahre zurückgehen. Bei dem Kampfsport werden Tritte, Schläge auch mit Knie und Ellbogen eingesetzt. Statt hier nur den Profi-Kämpfen wie im Thai Boxing Stadion in Khao Lak zuzuschauen, kann man auch selbst an Kursen teilnehmen. Die Kursräume sind im nördlichen Teil von Khao Lak gelegen – wie das Boxing Stadium selber. Oder man bucht in der Memory Bar.

Die Kurse sind für absolute Anfänger genau so geeignet wie für Profis. Eine typische Session besteht in Gruppenrennen, Skipping, Stretching, Schattenboxen, Technikunterricht, Sparring, Arbeit am Sack und mehr.

Combat360x: Kurse von je 2 Stunden in der Hauptsaison täglich 2x: Montag-Samstag 8.30 Uhr und 16 Uhr. Preise:

500 Baht pro Klasse, 600 Baht pro Tag, 2500 Baht pro Woche. http://www.combat360x.com/muay-thai-and-boxing.html

Rawai Muay Thai Montag – Samstag 7.30 Uhr und 18 Uhr. Preise 600 Baht pro Tag, 300 Baht pro Woche

Elephant Fly Zipline

Der Kletterpark ist eine neue Attraktion in Khao Lak. Er bietet unterschiedliche Programme mit Plattformen, Ziplines, Sky Bridges, Spiraltreppen, „fliegenden“ Fahrrädern, Abseilen ... Etwas für die aktiveren / abenteuerlichen Besucher. Nicht so geeignet für Kinder: vor dem Eintritt würde ich noch einmal abklären, was sie wirklich machen dürfen – kleine Kinder dürfen zwar mit hereinkommen, zahlen aber praktisch nur fürs zuschauen vom Boden.

Die Preise sind im Bereich der für Thailands Seilparks üblichen – und eher im oberen Preissegment. Ca. 2500 Baht für Erwachsene, 500 Baht für Kinder (ohne Teilnahme). Kontakt: Tel +66 81 5429976

Ort: Gleich oben auf dem Hügel Lak, bald nach dem Nationalparkeingang von Bang La On aus. DG 8.62491, 98.23794 / GMS N 8°37’29.676“ O 98°14’16.583“

Weitere Ziplines gibt es bei **Phang Nga/Krabi:** *Tree Top Adventure Park* bei Krabi. Auf **Phuket:** *Cable Jungle Adventure* etwa 10 km unterhalb des Flugplatzes, *Flying Hanuman* und *Patong Zipline Adventure*: zwischen Patong und Phuket Town.

Surfen Khao Lak

Khao Lak besitzt ein paar Orte an denen man gut surfen kann. Nang Thong Beach hat anständige Wellen, ebenso der Bang Niang Beach beim Flusskopf und vor allem Pakarang Beach und das Riff bei Cape Pakarang.

Die Wellen sind mit 1 bis 3 m nicht sehr hoch, dafür aber lange und konsistent, also gut für Anfänger geeignet. Bei stärkerem Wind oder zur Monsunzeit ist das für erfahrene Surfer interessant. Es findet sich wegen der Reef Breaks und Beach Breaks, den unterschiedlichen Winden und den Gezeiten aber immer etwas.

Am besten ist das Surfen an der Andaman-Küste von April bis November zu den heftigeren Winden der Monsunzeit. Dann sind die Bedingungen auch nahe beim Strand so, dass man damit schon Erfahrung haben sollte - und es empfiehlt sich wegen der in der nassen Jahreszeit plötzlich auftretenden Strömungen (Rip Currents) den Rat von lokalen Experten zu holen.

Am Pakarang Beach ganz im Norden von Khao Lak ist der **Pakarang Surf Shop**, welcher Teil des **Memories Beach Club** ist, wo man bei Getränk und Snack eigentlich immer Surfer findet. Dort können auch Surfboards gemietet werden oder Lektionen gebucht. Stand up Paddle und Body Boarding sind weitere Optionen für Aktionen hier. Surflektionen gibt es ab 1000 Baht pro Stunde.

Preis Bordmiete: 1 Stunde 200 Baht, 2 Stunden 300 Baht, Tag: 500 Baht, 1 Woche 3000 Baht. http://pakarangsurfshop.com/

Ort: Pakarang Beach. DG: 8.71976, 98.23473 / GMS: N 8° 43' 11.136'' O 98° 14' 5.027''

Angeln / Sportfischen

Um Khao Lak herum gibt es viel Wasser (sowohl Salz- als auch Süßwasser) und Thailand hat in Punkto Fische einiges zu bieten, auch wenn es nicht um das Fischen der Einheimischen geht, die oft ihren Lebensunterhalt damit bestreiten. Man sieht häufig Einheimische am angeln: von der Sarasinbrücke, die ein beliebter Punkt ist, von Quais aus und von Fischerbooten (kleinen wie großen) und Sportfischer finden in Thailand einige der am schwierigsten zu fassenden Spezies, darunter auch Exotische „Monster“ wie Arapaima, den Giant Mekong Catfish und den großen Alligator Gar.

Inzwischen gibt es Tourenanbieter, die sich auf Fisch-Ausflüge spezialisiert haben. Zum Beispiel **Fishing Khaolak**: http://www.fishing-khaolak.com/

Süßwasserfischen: Außer der Möglichkeit wirklich große Fische in speziellen Seen zu fangen (bei Phang Nga oder auf Phuket, oder in Krabi), bieten sie auch Ausflüge zum „Jungle-Fishing“ im Cheow Lan Lake und Lure Fishing sowie Fly-Fishing im Khao Sok Nationalpark an. Manche der Ausflüge sind ganzjährig durchführbar und beinhalten eine Übernachtung in einem der schwimmenden Bungalows dort, andere wie das Fly-Fishing finden vom September bis Juni statt. Halbtagesausflüge kosten ab 6000 Baht pro Person.

Salzwasserfischen: Von Schiffen aus, entweder als Tagesausflug oder mehrtägige Ausflüge mit Übernachtung an Bord. Preise ab 20'000 Baht pro Tagesausflug.

Wasserschildkröten

Wer Glück hat, trifft die Wasserschildkröten in der freien Natur an, zum Beispiel bei einem Tauch- oder Schnorchelausflug oder einem Transfer mit dem Longtailboat. Die anderen können diese hübschen Tiere in den Auffang- und Zuchtstationen besuchen, von denen es südlich von Khao Lak zwei hat.

Junge Wasserschildkröten

"Turtle Heaven"

Offizieller Name: Phang Nga Coastal Fisheries Research and Development Center. Der „Schildkröten-Himmel" wurde 1985 gegründet. Anfangs war es nur eine Forschungsstation mit dem Ziel, Muscheln und Shrimps zu züchten, 2002 wurde es dann umgebaut in das heutige Zentrum.

Das Ziel des Zentrums ist es, einen großen Bereich des marinen Lebens unterzubringen, zu vermehren und zu schützen. Dazu forschen sie auf diesem Gebiet auch draußen im Meer und setzen Vorschriften für das Fischen. Sie suchen nach Möglichkeiten die Tiere zu erhalten und zu züchten (auch für kommerzielle Zwecke).

Hier findet man die verschiedenen Schildkrötenarten (und Fische, Krebse, Riesen-Muscheln, Seesterne und mehr) in großen Salzwasserbehältern aus Beton, zwischen denen man laufen und in die man schauen kann. Es sieht etwas ... grob aus, erfüllt aber seinen Zweck und die Tiere die sich hier finden lassen sind wirklich speziell.

Im Center finden sich 4 Schildkrötenarten, die heute gefährdet sind: Grüne, Riddley-, Hawksbill- und Lederrücken-Schildkröte Diese Spezies finden sich in der Andaman See, vor allem um die Similan und Surin Inseln. Sie werden ausgebrütet und verbringen die ersten Monate hier um dann mit etwa 8 Monaten freigelassen zu werden. Mit einer Spende kann man (wenn man zum richtigen Zeitpunkt hier ist: Anfang März) selber eine Schildkröte am Strand ins Meer freilassen. Es hat Tanks für kranke und verletzte Tiere.

Ort: Man findet das Zentrum an der Straße entlang dem **Thai Muang Strand**, etwa 30 km südlich von Khao Lak. Der Abzweiger auf diese Straße ist im Ort Thai Muang an der Hauptstraße 4 – man fährt dazu durch den großen Metalltorbogen (der neben dem chinesischen Tor steht) anstatt der Kurve der Straße zu folgen. DG 8.42029, 98.24212 / GMS N 8° 25' 13.044'', O 98° 14' 31.631''

Sea Turtle Conservation Center Phang Nga Naval Base

Bei Thap Lamu auf dem Gelände der Navy findet sich die **Royal Thai Navy's Third Fleet Sea Turtle Nursery**. Wie bei dem Turtle Heaven unten bei Thai Muang werden hier junge Seeschildkröten aus verschiedenen Gebieten des Andaman Meeres eingesammelt und hierhergebracht. Sie werden gefüttert und behalten, bis sie stark genug sind für sich selber zu sorgen und dann zurück ins Meer entlassen.

Die Gebäude mit den Tanks sind für Touristen frei zugänglich – anfassen sollte man die Meeresschildkröten jedoch nicht. Man sieht verschiedene Gattungen in verschiedenen Entwicklungsstadien und auch einige größere Exemplare, die wegen Verletzungen hier gelandet sind. Es hat hier allerdings keine anderen Meeresbewohner zu sehen wie in Thai Muang, aber die Anlage ist sehr gut gepflegt, sauber, hat Informationstafeln und Ausstellungsstücke.

Ort: Die Navybasis und der Golfplatz befindet sich ein paar Minuten südlich von Khao Lak, vor dem Hügel Lak – auf dem Weg zum Tab Lamu Pier. DG: 8.58113, 98.23397 / GMS: N 8° 34' 52.068'' O 98° 14' 2.291''

Direkt neben dem Conservation Center liegt das **Boot T 215,** auch ein Tsunami-Wrack, aber nicht ganz so ansehlich wie das berühmtere Polizeiboot 813.

Heisse Quellen

Thailand hat 114 heiße Quellen, die meisten davon nicht kommerziell genutzt, weder zur Energiegewinnung noch in Bädern. Auch um Khao Lak hat es heiße Quellen dank der Aktivität der Australo-Indischen Platte, die (weit) vor der Küste unter die Eurasische Platte rutscht. Das macht hier zwar kaum Erdbeben, aber man findet heiße Quellen. Namentlich nördlich von Khao Lak in **Ranong**, oder südlich in **Krabi**, wo das einige Hotels das touristische Attraktion anbieten. Die Quellen hier im Süden von Thailand riechen übrigens kaum nach Schwefel - im Gegensatz zu denen im Norden, werden aber gerade so heiss: Man könnte auch in ihnen Eier kochen.

Ban Bo Dan Hot Springs

Sehr schön eingefasste und touristisch aufgearbeitete heiße Quellen findet man nur eine dreiviertel-Stunde Fahrt südlich von Khao Lak, etwas unterhalb von Thai Muang. Die Quellen enthalten Wasser mit hohem Mineralienanteil (auch Jod), gehören zum *The Hot Spring Beach Resort und Spa* und sind umgeben von grüner Landschaft, dabei aber ausgebaut mit Becken in denen man sich einweichen kann. Kaltwasserbecken, Fitnessraum, Strand und Restaurant sind ebenfalls vorhanden und auch für Tagesbesucher zugänglich. Offen täglich von 8 Uhr morgens bis 22 Uhr abends. Tageseintritt kostet 400 Baht für Erwachsene und 200 Baht für Kinder. http://www.thehotspringbeach.com/

Ort: Südlich von Khao Lak, etwa 10km unterhalb von Thai Muang DG: 8.30735, 98.27383 / GMS: N 8° 18' 26.46'' O 98° 16' 25.788''

Kapong Hot Springs (und Rundfahrt)

Die heißen Quellen, die von den Einheimischen auch Plai Phu genannt werden liegen im Landesinnern knapp ausserhalb des Lam Ru Nationalparks bei Kapong. Zwischen Khao Lak und dem Landesinnern liegt hügeliges Gebiet, durch das keine Straße führt. Wer nach Kapong (oder zum Lam Ru Wasserfall) will, muss deshalb immer einen Umweg nördlich oder südlich darum herum fahren.

Das kann man aber zu einer **hübschen Halbtages-Tour kombinieren**, die durch grüne Landschaft führt:

Von Khao Lak fährt man auf der Hauptstraße 4 nach Süden (15,5 km) bis zur großen Abzweigung nach links in Richtung Thung Maphrao auf der 4240. Man folgt der Straße bis zur nächsten großen Abzweigung, wo man die 4090 nach Norden nimmt. (mit guter Karte, respektive Navigations-Gerät kann man vorher auch die 4003 nehmen, eine schmale, asphaltierte Dorf- und dann Landstraße die durch ungemein schöne, ländliche Gegenden führt und auch auf der 4090 endet.) Kommt man von der 4090, zweigt nach etwa 15 km eine neu gemachte Asphaltstraße 3045 nach rechts ab zum **Lamru Waterfall**.

Weiter geht es danach auf **Kapong**. In Kapong, einem sehr ursprünglichen, thailändischem Dorf findet links in der Seitenstrasse am Sonntagmorgen ein großer Markt statt. Der **Wat Inthaphum in Kapong** hat einen Chedi-Stupa und Naga-

(Schlangen)Treppe und chinesischem (dickem) Buddha. Tempel: DG 8.68917, 98.40814 / GMS N 8°41'21.012'', O98°24'29.304''

Man fährt weiter zum nördlichen Ortsende von Kapong, wo mit den Schildern "Park Weep Waterfall 3 km" und "Hotsprings 8 km" die gute Straße 3002 nach Norden abbiegt. Man folge den „Hot Spring" Schildern (die gelegentlich amüsant falsch geschrieben sind) auf die 5014, die rechts abbiegt. Auf der Straße bleibt man, bis sie etwas abrupt in einen Sandweg endet.

Die heißen Quellen sind da nicht weiter ausgeschildert, aber genau dort geht es rechts 500 m runter zu den Hot Springs, die am und im Flussbett sehr heiß (!) hervor sprudeln und sich mit dem kalten Flusswasser vereinen. Weiter unten kann man im Mischwasser ein Bad oder Fußbad nehmen. Mit gutem Auto kann man auf dem Feldweg an den Fluss fahren. Es gibt Möglichkeiten zum parkieren (nicht beschildert). Quellen: DG: 8.66979 98.47132 / GMS N 8° 49' 11.244" O 98° 28' 16.752"

Man sieht es nicht, aber das Wasser ist heiss!

Weiterfahrt nach **Takua Pa:** Anfahrt von Süd-Osten. Von der heißen Quelle zurück zur 3002 und der weiter nach Norden folgen, bis sie auf die 401 trifft. Man biegt nach links ab und folgt ihr etwas über 4 km, bis zur 4090, auf die man links abbiegt, dann geht es über eine Brücke und danach gleich rechts auf die 4032. Der Straße folgt man vorbei am Abzweiger (links) zur 4005 bis direkt in **die Altstadt von Takua Pa**. (DG 8.82838, 98.36347 / GSM N 8° 49' 42.168" O 98° 21' 48.492")

Von Takua Pa gelangt man über die neue 4005 Strasse einfach und durch hübsche Landschaft zurück nach Khao Lak.

IV

Ausflugsziele nördlich von Khao Lak

Die Welt ist ein Buch, und wer nicht reist, liest davon nicht eine einzige Seite.

Augustinus Aurelius

Takua Pa, Ko Kho Khao, Khao Sok

Takua Pa Altstadt

Takua Pa selber ist heute das größte Handelszentrum der Region und entsprechend belebt. **Die Altstadt** (Old Takua Pa) liegt etwas verborgen, ist aber sehenswert. Am besten erkundigt man sie zu Fuß.

Das Stadtbild ist durch die **alten Arkadenhäuser** sehr chinesisch geprägt. Jedes zweite bis dritte Jahr im September wird die Innenstadt ein paar Tage lang bis zu einem Meter hoch überflutet. Wer gut hinsieht, findet die Messlatten für die Wassertiefe an einigen Gebäuden. Die Bausubstanz leidet darunter, doch die Häuser verbreiten immer noch einen gewissen morbiden Charme. Mit vielen Wandmalereien, chinesischen Hausschreinen und der Arbeit und dem Einsatz der hier lebenden Leute ist es ein wahres kleines Schmuckstück.

Am Ende der Straße gibt es einen **Chinesischen Tempel** - wer zur Zeit des chinesischen Neujahres hier ist, sollte diesem unbedingt einen Besuch abstatten.

In der Saison findet in Old Takua Pa jeden Sonntag Nachmittag ein **historischer Straßenmarkt statt**, der inzwischen auch von Touristentouren angesteuert wird. Es lohnt sich sehr hindurch zu schlendern und ein paar ungewöhnliche Snacks zu probieren. Souvenirs gibt es aber noch kaum zu kaufen hier und die

Esswaren sind zu gut, als dass sie es bis nach Hause überleben.

Sunday Market in Takua Pa Old Town

Der schnellste Weg von und nach Khao Lak ist die **Pakweep-Straße**, die 4005. Sie ist neu und ein landschaftlicher Leckerbissen. Auch mit dem Fahrrad ist sie gut zu bewältigen, da praktisch ohne Steigungen. Von Khao Lak aus führt die 4005 ab der Hauptstraße 4 (beim Kilometer 71,8) 23 km durch grüne Wälder und Plantagen. Man fährt auf ihr bis zur 4032, der man nach links (Norden) folgt bis zur großen T-Kreuzung. Noch einmal links und man ist da.

Ein Songthaew bringt einen für etwa 600 Baht (hin und zurück) oder man nimmt ein Motorbike Taxi für etwa 300 Baht. Ein Taxi von Khao Lak aus schlägt mit etwa 1500 Baht zu Buche.

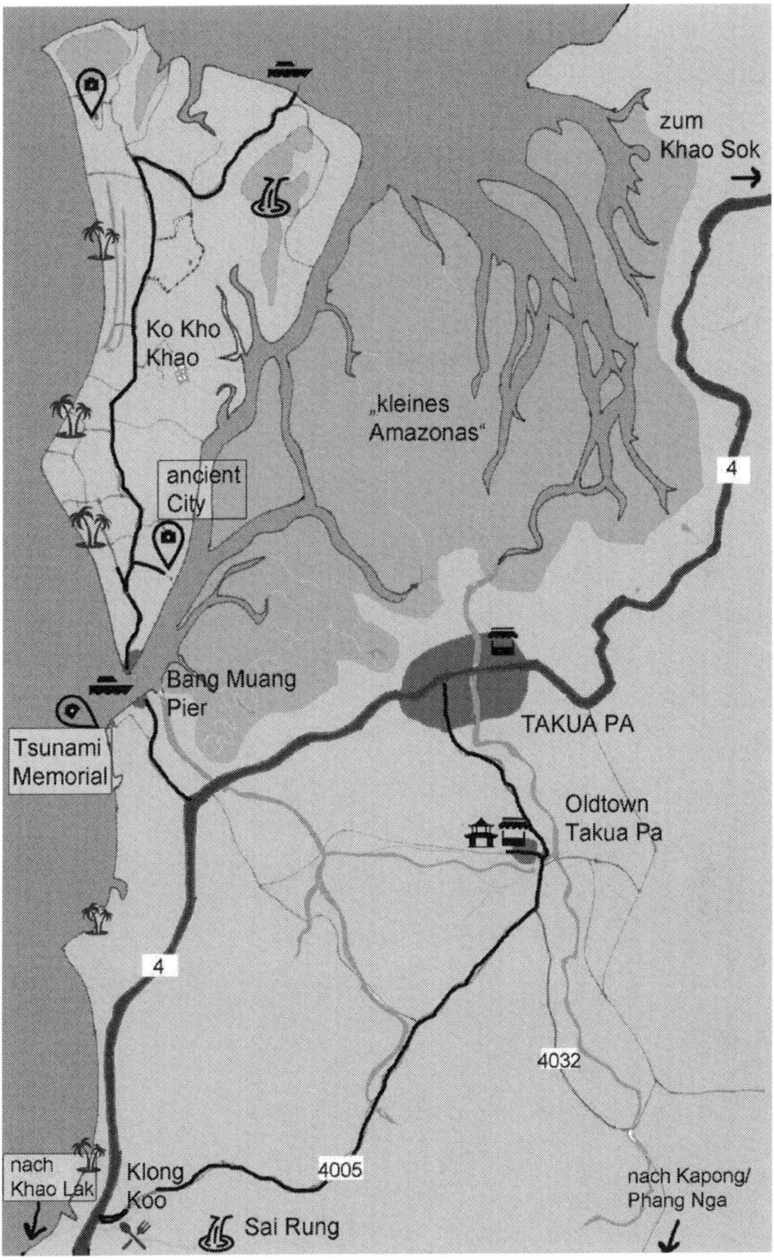

Karte Takua Pa, Ko Kho Khao und Umgebung

kleines Amazonas: die Mangroven bei Takua Pa

Die Mangroven sind ein Halbtagesausflug, den man bei Tourenanbietern buchen kann – manchmal auch kombiniert zu längeren Touren. Der Ausflug ist etwas, das man gut mit Kindern zusammen unternehmen kann.

Abholung vom Hotel morgens um ca. 9 Uhr. Etwa 30 Minuten Fahrt nach Takuapa. Vom Pier aus finden geführte **Ausflüge mit dem Kajak in die Kanäle in den Mangroven** statt. Man fährt dabei durch Banyan Bäume und Sumpfgebiete. Auf der Tour kann man diverse Vögel beobachten und sieht Reptilien wie Schlangen (auf den Bäumen), manchmal Warane und Frösche.

Oft beinhaltet der Ausflug auch einen Besuch der Altstadt von **Takua Pa** und einen Wasserfall. Mittagessen in einem Thailändischen Restaurant und gegen zwei Uhr ist man zurück im Hotel.

Ko Kho Khao

Nördlich von Khao Lak, fast auf Höhe von Takua Pa liegt eine Insel, nur eine zehnminütige Bootsfahrt vom Festland entfernt, im touristischen Aufwind. Auf Ko Kho Khao findet man vor allem die Leute (und Familien), die eine Stranddestination in Thailand suchen, welche nicht so verlassen oder weit entfernt liegt, aber dennoch ruhig ist. Ruhig ist Ko Kho Khao sicher – die langen goldenen Strände sind ihr Hauptanziehungspunkt, sie sehen aus wie die in Khao Lak weiter südlich. Das Wasser ist nicht ganz so klar und hat auch nicht das Tierleben, das sich auf den Similan oder auf Surin Inseln findet, aber man kann darin schwimmen, romantisch den Strand entlanglaufen und die Sonnenuntergänge genießen. Die Insel ist etwa 16 km lang und besteht hauptsächlich aus Sandstrand im Westen, flachen, grasigen Hügeln in der Mitte und Mangrovenwälder und Kanälen im Osten.

Es gibt inzwischen einige **Hotels** dort und die entsprechende Infrastruktur mit Taxis und Restaurants. Am belebtesten ist aber immer noch der Ort grad am Pier, wo sich auch Restaurants, Tourenanbieter und Einkaufsmöglichkeiten finden.

Die Insel ist mehr ein Ort zum sein als zum besichtigen, aber wer das möchte, kann das, indem er vom **Baan Nam Kem Pier beim Dorf Bang Muang** aus gegen wenig Geld die **Fähre oder ein Wassertaxi** auf die Insel nimmt. Preis pro Person 20 Baht und für das Fahrrad/ Motorrad ebenfalls 20 Baht. **Die Autofähre** geht in der Hochsaison ca. alle 30 Minuten bis 1.5 Stunden und kostet für das Auto 150 Baht und pro Person 20 Baht. Fährbetrieb ist von morgens ca. 7.30 Uhr bis abends ca. 18 Uhr ... Nachts geht gar nichts mehr, wie wir dort schon erfahren mussten. Pier:

DG 8.86554, 98.27409 / GMS N 8°51'55.944'' O 98°16'26.724''

Ko Kho Khao - beim Pier

Auf der Insel gibt es ganz im Norden ein größeres Gras-Feld, das im zweiten Weltkrieg von den **Japanern als Flugplatz** benutzt wurde. Heute wird diskutiert, ob man hier wieder einen Flugplatz bauen will.

Laut manchen ist Koh Kho Khao eine der **besten Fahrrad-Destinationen** in der Gegend von Khao Lak. Eine Inselrundfahrt macht sich gut als Tagesausflug mit ihren kilometerlangen, verschlafenen, Verkehrsfreien Straßen und Wegen, endlosen, verlassenen Stränden und flachen grasbewachsenen Ebenen. Die hügelige nordöstliche Zone hat anspruchsvolleres Terrain mit Waldgebieten und ungeteerten Straße perfekt zum entdecken für Mountain-Biker Unbedingt genug Wasser mitnehmen und eine Karte oder das Smartphone.

Ban Thung Tuk Ancient City

Auf der ruhigen Insel findet sich ein historisch wichtiger Standort, heute nur noch Reste einer Ausgrabungsstätte. 2003 wurden hier die letzten archäologische Ausgrabungen durchgeführt – wobei schon klar war, dass die Stelle ausgiebig von den archäologischen Schätzen geplündert wurde seit der Entdeckung 1900. Die Ausgrabungen haben die Grundmauern von Ziegelgebäuden freigelegt sowie Dachziegel und Nägel. Wahrscheinlich sind das die ältesten Monumente in Thailand mit Dachziegeln. Es wurden Artifakte gefunden, die klar nicht aus der Gegend stammen, sondern importiert wurden, was darauf schließen lässt, dass Thung Tuk schon im 7. bis 9. oder gar 10. Jahrhundert ein wichtiger Hafen war. Dafür spricht auch die Lage an der Ostküste von Kho Khao – und damit geschützt vor den Saisonwinden – gegenüber dem Takuapa Fluß, wo die Handels-Route durch das Landesinnere begann. Auf der anderen Seite am Golf von Thailand fand man in Lao Pho ähnliche Stücke aus der gleichen Zeitperiode. Thung Tuk war ein Umschlagsplatz von den großen Meerschiffen auf die kleineren Schiffe, die es zur Landesdurchquerung via Fluss brauchte. Damit war Thung Tuk Teil der Thai Seidenstraße. Gefundene Stücke waren zum Beispiel chinesische Tung Keramik und Porzellan, persische Türkiswaren, Glaswaren aus dem mittleren Osten und dem Mittelmeergebiet und Steinperlen aus dem mittleren Osten oder Indien. Was nicht verkauft wurde findet sich in Museen, wie der Sammlung des National Museum auf Phuket ... aber nichts mehr auf Ko Kho Khao selber. Unter dem Boden könnte noch mehr liegen, nur ist offenbar kein Geld für Ausgrabungen vorhanden.

Ort: Die Ausgrabungsstelle auf Ko Kho Khao, wo die alte Stadt gestanden hat ist einfach zu finden: Die eine Straße vom Hafen aus nördlich fahren. Bei der großen Verzweigung bald danach rechts halten und weiterfahren, bis man zu einem verblichenen Schild kommt das rechts auf eine kleine geteerten Weg führt. Diesem folgen, bis es nicht weitergeht. Am Ende steht man vor zwei kleinen Gebäuden mit Glastüren, die zum Teil eingeschlagen sind. Das ist das Archäologische Informationszentrum. Im Innern des Raumes hat es gut aussehende Informationstafeln, die über den Ort und die Ausgrabung informieren. Wenn es weiteres Ausstellungsmaterial gab ist es leider verschwunden. Auch von der Ausgrabung im Gelände ist nichts mehr zu sehen, außer dass nicht überall Bäume wachsen. Ausgrabungsstätte: DG: 8.89427, 98.28113, GMS: N 8°53'39.372'' O 98°16'52.068''

lokaler Fährbetrieb

Khao Sok Nationalpark

Der sehr grüne Nationalpark mit dem Stausee in phantastisch anmutender Landschaft ist ein beliebtes Touristenziel und liegt nur wenig nördlich von Khao Lak (Fahrzeit etwa eine Stunde) und Phuket (Fahrzeit etwa zwei Stunden). Er wird auch von Krabi und Ko Samui aus besucht. Das Hauptaugenmerk ist der Ökotourismus wobei viele Aktivitäten angeboten werden: vom **Elefantenreiten (und waschen)**, **Dschungel-trekking zu Fuß, Kanufahren, Bambusflossfahren, Tubing, Bootsafaris ...**

Der 739 km2 große Nationalpark ist bedeckt vom ältesten immergrünen Regenwald der Welt, enthält hohe Kalksteinberge, die steil in den Himmel ragen (zwischen 400 bis 960 m) , tiefe Täler, atemberaubende Seen, dunkle Tropfsteinhöhlen, wilde Tiere und exotische Pflanzen wie die Rafflesia kerri - eine fleischfressende sehr große Blume. An wilden Tieren zu sehen: Hornschnabel, Elefanten, Asiatischer Ochse, Makaken, Gibbons, Schlangen, Frösche und vieles mehr. Das Klima ist hier oft feuchter und regnerischer als im Süden und sogar als in Khao Lak.

Der Parkeintritt kostet 300 Baht (pro Tag) für Nicht-Thailänder. Im Park gibt es einige befestigte Wege, auf denen man gut wandern kann, für die meisten benötigt man aber einen Führer.

Besucherzentrum: DG 8.91542, 98.52809 / GMS N8°54'55.512'', O98°31'41.124''

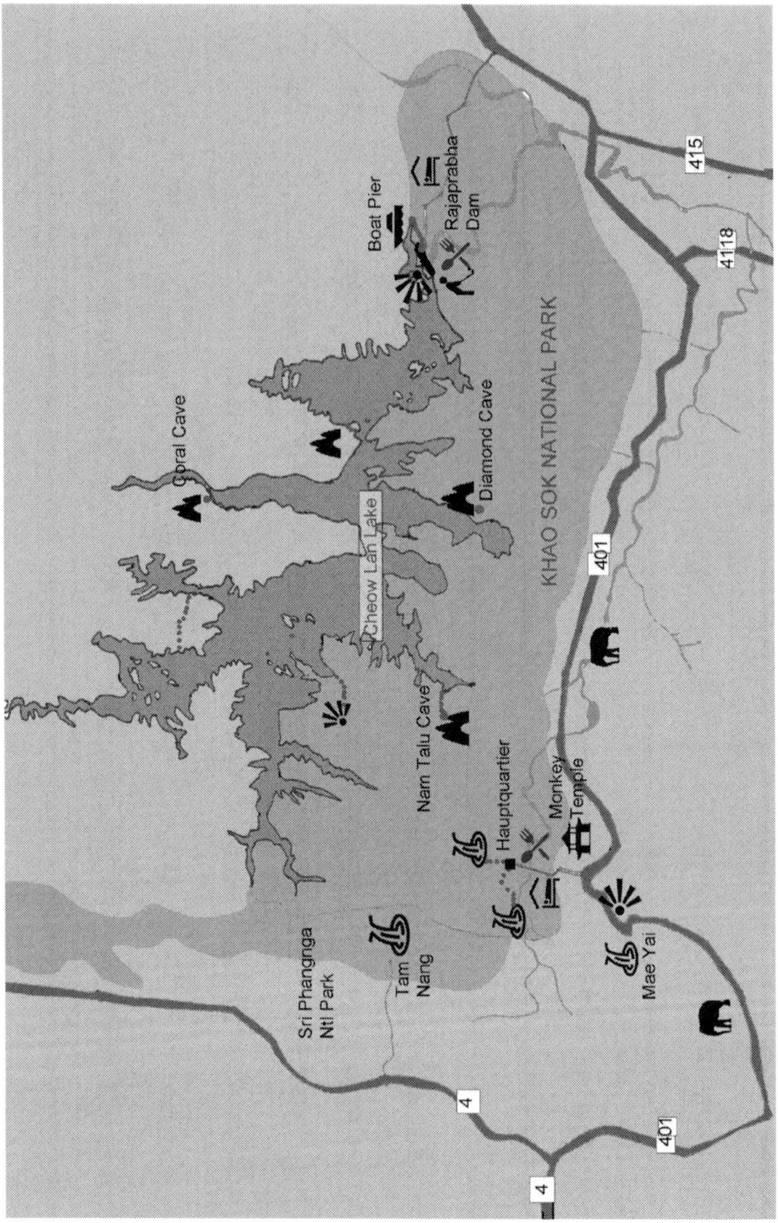

Karte Khao Sok und Umgebung

Unterkunft im Khao Sok

Unterkünfte gibt es reichlich und in unterschiedlicher Qualität. Sie können (wie Touren auch) im Besucherzentrum gebucht werden, oder direkt beim Vermieter. Es gibt eine Hauptstraße in den Khao Sok (zum Hauptquartier) an dem die meisten Gästehäuser und Bars liegen. Da die Unterkünfte sehr zahlreich sind, ist eine Vorreservation meist nicht nötig – etwas zum schlafen lässt sich immer finden. Anders sieht es aus, wenn man auf dem Cheow Lan Lake übernachten möchte: es empfiehlt sich die schwimmenden Bungalows vorher zu buchen.

Restaurants im Khao Sok

Die meisten Unterkünfte hier (spezidisch die an der Hauptstrasse zum Hauptquartier) haben eigene Restaurants, die Küche ist dabei eine Mischung aus Thai und Europäischen Gerichten. Alle Restaurants offerieren frische Fruchtshakes und Fruchtsäfte.

Pawn's Restaurant

Unscheinbares und günstiges Restaurant mit sehr guter Küche. Abends wird es etwas voll.

Bamboo Bistro Khaosok

Gutes westliches Essen (auch für Kinder geeignet), Pizza und Knoblauchbrot. Auch Thailändisches Essen erhältlich.

Thai Herb

Günstiges, gutes Essen und frische Shakes. Das Restaurant ist sehr sauber, hat ein erstaunlich grosses Menu. Das Essen ist thailändisch, aber auf den westlichen Geschmack angepasst (nicht sehr scharf).

Krua Guilin

Neueres, ziemlich grosses Restaurant *beim Stausee*. Im Park, am westlichen Ende des Sees, in der Nähe des Golfplatzes und dem Pier, wo man Longtail-Boote mieten kann. Blick auf den Damm und den See. DG: 8.96832, 98.79564 / GMS N 8° 58' 5.952'' O 98° 47' 44.304''

Viewpoint Khao Sok

Wandern und Ziele im Nationalpark

Vom Besucherzentrum aus starten neun Wanderwege, einer davon – der zum **Wing Hin Wasserfall** ist 2,8 km (das Doppelte, weil man ja noch zurück muss) und kann ohne Führer gegangen werden. Der Weg westlich durch den grünen Park dorthin ist hübsch, etwas fordernd und der Wasserfall … nicht gerade riesig, aber man kann seine Füße neben den großen Steinkugeln im Wasser baden und sich vor der Rückkehr etwas abkühlen.

Weitere Ausflugsziele im Park (nur mit Führer):

- **Tang Nam**: zwei hohe nahe aneinander stehende Klippen am Ende des Sok Kanals. 6 km vom Hauptquartier entfernt, der Weg zum Bang Wing Hin Wasserfall führt hierhin weiter.
- **Sip Et Chan Waterfall**: treppenartig über elf Stufen fallender Wasserfall mit großem Pool unten in dem man schwimmen kann. 4 km vom Hauptquartier.
- **Ton Kloi Waterfall**: vom Sok River selber, etwa 7 km vom Hauptquartier entfernt.
- **Tharn Sawan Waterfall**: Wasserfall eines Nebenflusses des Sok. Der Weg hierhin ist ziemlich anstrengend und führt den letzten Kilometer durch das Flussbett, wo man waten muss.
- **Diamond Cave (Pra Kay Petch Cave):** Tropfsteinhöhle. Mit riesigen Spinnen, Fledermäusen und dunkel … unbedingt eine Taschenlampe mitnehmen.
- **Si Ru Cave**: Tropfsteinhöhle mit vier Eingängen, etwa 4 km vom Hauptquartier entfernt. Sie diente früher kommunistischen Rebellen als Unterschlupf.
- **Nam Ta-lu Cave**: Tropfsteinhöhle in der Nähe des Stau-

dammes. Kann nur via Boot und Stausee erreicht werden und einem etwa zwei Kilometer langem Wanderweg. 30 m breiter Eingang und ein Flüsschen, das durch die Höhle führt. Ziemlich abenteuerlich.

- **Khang Cow Cave**: Tropfstein-Höhle mit tausenden Fledermäusen.
- **Rafflesia Kerrii Meijer**: Riesenblüte, etwa einen Meter groß im Durchmesser. Es ist eine parasitische Pflanze, die sehr selten ist. Es braucht neun Monate, bis sie blüht und die Blume hält nur etwa sieben Tage – man muss also ziemlich Glück haben, damit man sie sieht.
- **Bang Hua Rat Waterfall und Lum Khlong Sok**. Stromschnellen die wie Treppenstufen den Fluss unterbrechen und ein beliebter Platz für River Rafting.

Wer wandert sollte Schuhe anziehen, die fest und möglichst geschlossen sind. Sandalen laden Blutegel – die im Park auf dem Boden und in den Bäumen vorkommen – praktisch ein. Insektenrepellentien gegen Mücken und Fliegen sind auch empfohlen, die wirken zumindest etwas auch auf Egel abschreckend.

Sehr schön sind **Ausflüge abends oder nachts,** die (mit Führung) angeboten werden. Dabei sieht man Tiere, die nachtaktiv sind und man tagsüber nicht zu Gesicht bekommt. Wegen der Schlangen sollte man das aber nicht alleine unternehmen ...

Mae Yai Waterfall Khao Sok

Der einzige Wasserfall beim Khao Sok Nationalpark, den man ohne lange zu laufen erreichen kann. Vielleicht heisst er deshalb "Grossmutter". Der Wasserfall liegt neben der Suratthani-Takuapa Straße (beim Kilometer 113), 5.5 km vom Hauptquartier entfernt. Er ist nicht angeschrieben, man kann aber dort von der Straße herunterfahren und sein Auto parkieren. Der Wasserfall ist nur einstufig, dafür etwa 30 Meter hoch. Er hat in der Trockenzeit nicht sehr viel Wasser, ist aber trotzdem einen Stop wert. Schwimmen kann man hier aber nicht (Nie). Die wenigsten Touren machen hier einen Stop.

Ort: Direkt in der steilsten Kurve in einer Talsenke auf dem Weg in den Khao Sok Nationalpark / vor der Straße zum Hauptquartier. DG: 8.8835, 98.49848 / GMS N 8° 53' 0.6'', O 98° 29' 54.528''

Viewpoint Khao Sok

Der Aussichtspunkt liegt auf der Anhöhe direkt nach dem Wasserfall. Er ist ebenfalls nicht angeschrieben, man sieht aber die Parkmöglichkeit von der Straße aus. Größere Tour Busse fahren an ihm meist vorbei, kleinere halten gelegentlich. Der Aussichtspunkt bietet den besten Blick in die grüne Hügellandschaft und eine Fotogelegenheit. Von der Straße aus ist die Landschaft beim Khao Sok oft nicht gut zu fotografieren, da Bäume und Leitungen stören – da ist das wirklich einen kurzen Stopp wert. DG: 8.88534, 98.50255 / GMS N 8° 53' 7.224'', O 98° 30' 9.179''

Wat Tham Phanthurat oder Monkey Temple

Tempel beim Khao Sok Nationalpark mit Affen. Neben dem neu erbauten Tempel hat es eine Tempel-höhle (eher ein Überhang) mit Buddha Statuen unter einem der steilen Klippen. Am Eingang hat es einen Kiosk an dem man den Eintritt bezahlt und auch Futter kaufen kann um die hier lebenden (meist freundlichen) Makaken Affen zu füttern (ca. 20 Baht). Vorsicht auf entfernbare Kleinteile wie Brille oder Fotoapparat! Ort: DG 8.91157 98.52043 / GMS: N 8° 54' 41.652'' O 98° 31' 13.548''

Kajak fahren auf dem Sok River

Der Fluss Sok ist der Hauptfluss des Khao Sok Nationalparks. Die Verbindungstraße 401 zwischen Taku Pa und Surat Thani führt durch sein Tal und überquert ihn diverse Male. Der Fluss ist umgeben von schöner Landschaft mit hohen Kalksteinfelsen und viel Grün. Am und im Fluss und seinen Seitenarmen werden verschiedenste Aktivitäten durchgeführt, unter anderem Kajak fahren oder Bambusfloss-Rafting.

Der Fluss ist in der Trockenzeit / Hochsaison alles andere als reißend und es kann vorkommen, dass es gegen Ende der Trockenzeit sehr wenig Wasser führt.

Am Fluss entlang kann man bei der gemütlichen Fahrt mit dem Führer die Landschaft genießen, Vögel und Affen sehen, verschiedenste Amphibien und Reptilien (aber keine Krokodile, auch wenn die Führer da manchmal scherzen).

Manche Ausflüge machen Halt um einen Tee oder Kaffee neben dem Fluss auf Feuer zuzubereiten oder für einen Schwimmstopp.

Gelegentlich hat es Seile, an denen man sich in die tieferen Stellen des Flusses Tarzan-artig fallen lassen kann. Spaß für die ganze Familie! Buchbar als Ausflug oder Teil davon.

Beispiele für Touren-Ausflüge in den Khao Sok Park

Tagesausflug Khao Sok

Abholung vom Hotel ca. 8 Uhr. Halt beim lokalen Markt (bei Takua Pa). Fahrt in den Khao Sok Nationalpark. Elefantenreiten an einem Flüsschen. Elefanten füttern und fotografieren. Khao Sok Aussichtspunkt. Thailändisches Mittagessen. Nachmittags Kajak fahren auf dem Sok River. Schwimmen im Sok River. Besuch eines lokalen Tempels mit Affen. Stopp an einem Wasserfall. Ca. 5 Uhr zurück zum Hotel.

2-Tagesausflug Khao Sok / Park

Abholung vom Hotel ca. 8 Uhr. Halt beim lokalen Markt (bei Takua Pa). Fahrt in den Khao Sok Nationalpark. Elefantenreiten an einem Flüsschen. Thailändisches Mittagessen. Nachmittags Kajak fahren auf dem Sok River. Schwimmen im Sok River. Einchecken im Bungalow beim Nationalpark.

2. Tag: Trekking im Khao Sok Nationalpark. Hier hat man die Möglichkeit, Gibbons, Languren, Vögel und verschiedenste Reptilien zu sehen. Baden unter dem Wasserfall. Zurück zum Resort und Mittagessen. Nachmittags ausruhen und Fahrt zurück.

Anzumerken ist hier, dass man (außer beim Seebesuch und manchen Trekkingtouren) dabei meist am Rand des Nationalparks ist und nicht drin. Das bedeutet die Führer müssen keine Gebühren zahlen. Die Landschaft ist trotzdem sehr sehenswert. Dass praktisch direkt neben dem Sok Fluss die (Haupt-)Straße durchgeht merkt man auch nicht.

2-Tagesausflug Khao Sok / Lake

Fahrt in den Khao Sok. Viewpoint-Stopp. Besuch des Hauptquartiers. Fahrt zum Cheow Lan Lake (Ratchaprapa Lake), Fahrt mit dem Longtailboot durch die fantastische Landschaft. Ankunft am Raft-house (schwimmende Unterkunft), thailändisches Mittagessen. Nachmittags relaxen am/im See. Ausflüge mit Kajak. Nachtessen im Raft House. Nachtsafari auf dem See.

Morgens: Kajak Ausflug, Morgenessen im Raft House. Trekking mit Führer durch den Regenwald zu einer Tropfsteinhöhle und kleinem See. Mittags relaxen am See und Rückfahrt nach Khao Lak.

4 Tage/3 Nächte Khao Sok/Cheow Lan Lake

Elefant Hills – Elefant Hills bietet längere Ausflüge an, die sie mit ihren Aktivitäten mit den Elefanten verbinden. Immer inbegriffen ist also der Kontakt mit Elefanten – in dem Fall hier aber das füttern und waschen von ihnen. Ein echtes Erlebnis.

Eine Übernachtung findet hier im Luxuszelt im Regenwald statt, die anderen auf dem Cheow Lan Lake selber, wo man neben dem Trekking mit Führer über einen Hügel und Besuch einer Tropfsteinhöhle auch selber auf dem See Kajak fahren kann. http://www.elephanthills.com/

Morgens auf dem Cheow Lan Lake

Cheow Lan Lake

Der 165 km2 große und etwa 200 m tiefe Stausee im Nationalpark hat eine bewegte Geschichte. Er wurde 1982 gebaut um Elektrizität für die aufstrebende Region zu liefern. Er bietet Kalksteinfelsen, die bis zu 900 m hoch steil aus dem Wasser ragen – ein Anblick ähnlich wie in der Phang Nga Bucht, nur ist das hier Süßwasser und fast noch etwas beeindruckender.

Der Rajiaprabha Damm – was *Licht des Königreiches* bedeutet – bekam seinen Namen in einer Eröffnungszeremonie von Thailands König an dessen 60. Geburtstag. Außer der Elektrizitätsgewinnung dient er auch der Flutkontrolle, Bewässerung und Fischzucht. Es dauerte etwa ein Jahr das Becken ganz zu füllen und fast 400 Familien aus einem Dorf mussten umgesiedelt werden. Es gab Projekte auch die Tiere mittels Boot und Helikopter umzusiedeln – dennoch starben viele, weil ihr Lebensraum so plötzlich eingeschränkt wurde. Heute finden sich (wieder) viele wilde, teils auch gefährdete Tierarten im Nationalpark und am See. DG 8.97247, 98.8057 / GMS N8°58'20.892'', O98°48'20.52''

Auf dem See gibt es **schwimmende Bungalows** in denen man übernachten kann – deren Betreiber müssen übrigens von den ursprünglichen Landbesitzern abstammen um eine Lizenz dafür zu bekommen. Die Bungalows sind von sehr unterschiedlicher Qualität – von einfachen Holzhütten bis zum fassartigen schwimmenden modernen Zimmer (mit Toilette an Land) und Luxus-Zelt auf Floss (mit Toilette innen) findet sich alles. Eine Übernachtung hier lohnt sich. Der Sonnenaufgang über den steilen Felsen und dem einmal ruhigen See ist ein unvergessliches Erlebnis.

V

Südlich von Khao Lak: Phang Nga

Tourismus ist angewandte Geographie.

Erwin Koch

Phang Nga und Umgebung

Phang Nga Town

Die **Stadt Phang Nga** selber ist nicht sehr bemerkenswert. Wirtschaftlich scheint sie momentan sehr im Aufwind zu sein – es wird viel gebaut. Eine Altstadt gibt es nicht zu besichtigen, aber es hat genug Möglichkeiten für Unterkünfte und Restaurants.

Die **Hotels** sind eher von niedrigem Standard und hauptsächlich sehr günstig bis Mittelklasse, weshalb es sich meist nicht lohnt hier bei einem Besuch zu übernachten – auch da die Stadt von Khao Lak und Phuket aus gut erreichbar ist. Dabei wäre die Stadt nett gelegen inmitten der grünen hügeligen Landschaft und vor den Mangrovenwäldern der Küste. Sie dient heute hauptsächlich als **Ausgangspunkt für Touren in die Phang Nga Bucht** mit ihren Attraktionen.

Wer keine Tour buchen möchte, kann am **Surakul Pier** auch einfach selber ein Boot mit Führer mieten. Pier: DG: 8.39005, 98.46033 / GMS N 8°23'24.18'', O 98°27'37.187''

Essen in Phang Nga

Morgenmarkt

In Phang Nga neben dem Rattanapong Hotel. Täglich, Start ab 5 Uhr morgens. Ein Platz um Klebreis-Süssigkeiten, frittierte Bananen, lokale Früchte und Gemüse und Fisch zu versuchen.

Nachtmarkt

In Phang Nga in der Nähe des Spitals im Stadtzentrum. Mit der für Thailand üblichen breiten Auswahl an Essen und Snacks. Täglich ab ca. 17 Uhr.

Baan Phangnga

Im Stadtzentrum. Ausgiebiges westliches Frühstück und guter French Toast, ansonsten hauptsächlich thailändische Gerichte zwischen 50-100 Baht und einige westliche Gerichte wie Pasta, Sandwiches, Steak. DG 8.46573, 98.53087 / GMS N 8° 27' 56.628'', O 98° 31' 51.131''

Balcony Hill Restaurant

An der Montri Straße. Bergaussicht über die Stadt mit klimatisiertem Essraum innen und Terasse auf zwei Ebenen. Sehr guter Cappuccino, Thai und westliches Essen. Modernes Ambiente. DG 8.46139, 98.529 / GMS N 8° 27' 41.004'' O 98° 31' 44.399''

Dairy Hut Seafood

Das grün angemalte, dreieckige Gebäude ist kaum zu übersehen. In der Nähe der Straße 4311 zwischen Phang Nga und den Mangrovenfeldern liegt es in einem gut unterhaltenen Garten. Großes Menu. Das Restaurant zieht viele thailändische Besucher an, die ein nettes, aber nicht zu teures Essen suchen. DG 8.42173, 98.53358 / GMS N 8° 25' 18.228'' O 98° 32' 0.888''

Tha Sai Seafood

Einiges außerhalb der Stadt selber (etwa 15 km), schon auf dem Weg nach Krabi. Das Restaurant liegt direkt an einem Mangrovenarm mit schöner Sicht und gutem Essen. 8.45372, 98.61246 / GMS N 8° 27' 13.392'' O 98° 36' 44.855''

Essen auf dem Meer: im Seezigeunerdorf Koh Panyi

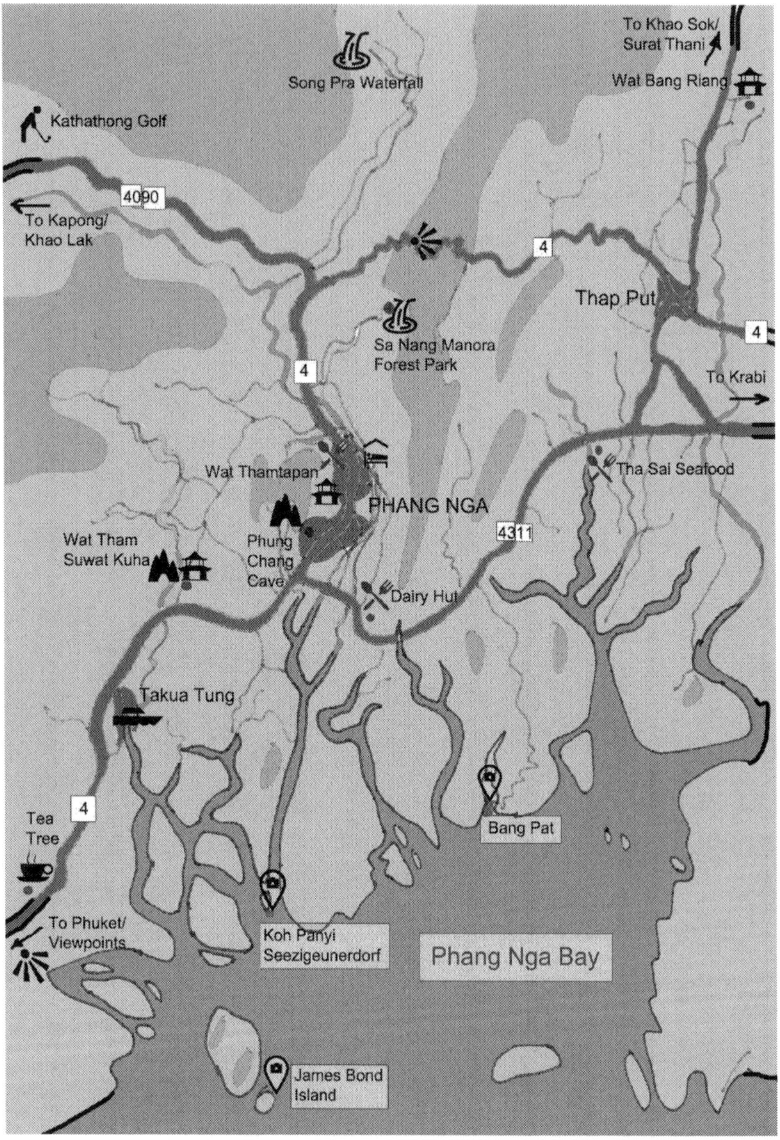

Phang Nga und Umgebung

Phung Chang Höhle

Die Phung Chang Cave oder **Elefantenbauch-Höhle** ist unbedingt einen Besuch wert. Der Fels in dem sie liegt, sieht aus wie ein (versteinerter) Elefant ... also ist die Höhle im Bauch. Logisch. Im Inneren der langen Höhle hat es wunderschöne **Stalaktiten und Stalagmiten** von denen einige auch Elefanten, Rüssel oder anderem ähneln.

Für 500 Baht pro Person kann man eine etwa **40 Minütige Tour** machen, bei der einem auch die interessanten Felsformationen der Tropfsteinhöhle gezeigt werden. Da ein Großteil der Tour im Wasser stattfindet empfiehlt es sich, kurze Hosen anzuziehen und wasserfeste Schuhe. Wer keine hat, kann oben bei der Buchung günstig Flipflops dafür erstehen. Stirntaschenlampen werden zur Verfügung gestellt. Fotos darf man innen leider keine machen – aber am Eingang wird man offiziell fotografiert und kann das Bild nach der Tour erstehen. Interessanterweise gibt es noch nicht sehr viele Tour-anbieter, die sie im Programm haben. Nachfragen hilft ... oder man fährt gleich selber hin.

Die Höhlentour ist ihr Geld wert: Mit dem Kajak wird man bis zur ersten Plattform gepaddelt, wo man auf ein Bambusfloss umsteigt, das durchs Wasser gezogen wird bis zur nächsten Plattform, ab der kann man selber im jetzt niedrigen (wadenhohen) Wasser waten. Da die Höhle wie ein langer, teils hoher Tunnel aufgebaut ist, geht man den gleichen Weg wieder zurück, wobei man die entgegenkommenden Besucher kreuzt.

Ort: Die Höhle liegt nur wenig neben der Hauptstraße 4 – praktisch in Phang Nga selber. DG 8.44217, 98.51684 / GMS N 8°26'31.812'', O 98°31'0.624''

Sa Nang Manora Park

Etwa fünf Kilometer nördlich von Phang Nga liegt ein „Wasserfall Wald Park“: **Waterfall Forest Park Sa Nang Manora**. In der Gegend hat es einige Wasserfälle und Höhlen. Im bewaldeten Park gibt es einen zwei Kilometer langen **Naturwanderweg** der den Wasserlauf diverse Male durchquert. Eine **Fledermaushöhle** (Bat Cave) sowie eine **Muschelhöhle** (Shell Cave) sind angeschrieben. Durch die Bäume hindurch trifft man schon nach kurzem Weg auf ein paar Wasserbecken und niedrige Wasserfälle. An einem heißen Tag ist das ein toller Abstecher zum abkühlen. In den Becken lässt es sich gut baden – und teils über die Fälle auch hineinrutschen oder springen. Sehr geeignet für einen Ausflug mit Kindern! Die Wasserfälle sind nicht spektakulär, aber mit der grünen Umgebung und der Ruhe hier ist das ein paradiesischer Ort. Wenn man weiter läuft, sollte man wissen, dass die Wege über den Fluss oft etwas abenteuerlich sind, da keine Brücken vorhanden, nur Trittsteine oder Baumstämme.

Ort: Man folge den Schildern und der Straße nach der Abzweigung von der Hauptstraße 4 nach rechts (von Süden her kommend) DG 8.49414, 98.51524 / GMS N 8°29'38.904'', O 98°30'54.864''

Stufe eines Wasserfalls im Sa Manora Park

Samet Nangshe View Point

Das war für uns die Entdeckung des Jahres! Nur etwas über eine Stunde Fahrt von Khao Lak aus und beste Ausblicke in die Phang Nga Bucht von einer Höhe, die einen glauben lässt, man fliege. Der Aussichtspunkt ist sehr gut ausgebaut: plafonierte Aussichtsfläche, Picknickhäuschen, Toiletten.

Aussicht in die Phang Nga Bucht

Er ist nicht ganz einfach zu finden (am besten gibt man den Ort ins Navigationsgerät ein). Man biegt von Khao Lak kommend vor der Ortschaft Phang Nga in Richtung Bucht (nach Osten ab). Etwas problematisch ist dabei die Tatsache, dass man wegen dem dort streckengeteilten Highway 4 nicht direkt abbiegen kann, sondern „überschießt“ und dann den nächsten U-Turn nehmen und zurückfahren muss. Zum Glück hat es mehr Gelegenheiten für den U-Turn als die Karten einem weismachen.

Durch attraktive Landschaft und kleine Ortschaften fährt man bis vor die Mangrovenfelder. Der Aussichtspunkt ist angeschrieben – allerdings hauptsächlich in Thailändisch (zum Glück mit Bildern dazu). Unten an der Straße hat es ein Kassahäuschen, bei dem man eine Übernachtung buchen kann: in einem der ausgerüsteten **Zelte oben auf dem Viewpoint**. Kostenpunkt dafür ist ca. 40 Baht pro Nacht und Person. Essen muss man allerdings selber mitnehmen. Den Weg hoch zum Viewpoint kann man mit einem 4WD und etwas Mut fahren – die Schotterstrasse ist einspurig und ziemlich steil. Alternativ kann man laufen ... oder sich nach oben bringen lassen vom einem „Taxi".

Als wir abends nach 6 Uhr dort waren hatten wir kaum Besucher – ein paar thailändische Einheimische und zwei kleine chinesische Reisegruppen zu je 4 Personen mit Führer. Der Sonnenuntergang mit dem wechselnden Licht über der Bucht war wunderschön. Die Sonne geht allerdings hinter einem unter – den optimalen Ausblick hat man sicher bei Sonnenaufgang morgens früh, den sieht man direkt durch die Inseln in der Bucht hindurch. Für das würde eine Übernachtung in einer der Zelte lohnen. Wir haben uns vorher ein Picknick organisiert bei Jin und das dann dort genossen.

Ich habe noch keine Anbieter gesehen, wo man das als Tour buchen kann – ich bin aber sicher, dass man bei einem lokalen Tourenanbieter in Khao Lak anfragen kann. Kontakt (direkt, für Zelte) Tel: +66 98 740397 od. +66 81 8941159. Da sie kaum Englisch können ist ein thailändischer Übersetzer von Vorteil.

Ort: Phang Nga, 1.5 Stunden südlich von Khao Lak. DG: 8.23999, 98.44634 / GMS: N 8°14'23.964'' O 98°26'46.824''

Toh Li View Point

Das ist ein weiterer neuer Viewpoint, noch etwas weiter südlich gelegen mit derselben schönen Aussicht in die Bucht. Kontakt: +66 89 591 0569 (nur thailändisch) Ort: DG: 8.22637, 98.44472 / GMS: N 8°13'34.932'', O 98°26'40.992''

Baan Bang Phat Fischerdorf

Das Fischerdorf der **Seezigeuner** ist ein von Touristen noch ziemlich unentdeckter Ort in den Mangrovenwäldern an der Küste der Phang Nga Bucht. Erreicht werden kann das Dorf, das auf Stelzen im Wasser gebaut ist, außer mit dem Boot nur via eine schmale, 150 Meter lange Brücke, die nur Fußgänger und Motorräder passieren können.

auf Wasser gebaut: Seezigeunerdorf

Die Gemeinde ist muslimisch und besteht hauptsächlich aus Fischern und ihren Familien. Bang Pat selber ist sehr übersichtlich

– wesentlich kleiner und viel authentischer als das bekannte Seezigeunerdorf **Panyee Village** in der Phang Nga Bucht, das von den meisten Touristenausflügen angesteuert wird. Ein Hauptweg geht nach rechts und links von der Brücke ausgehend ab, es gibt nur wenige Nebenwege. Am Hauptweg selber und damit mit Meersicht finden sich einige kleinere **Restaurants**, die (garantiert) frische Meeresfrüchte servieren. Man kann einige der bekannten Inselhügel in der Phang Nga Bucht von hier aus sehen und sich im Dorf umsehen. Eine goldene kleine Kuppel markiert den Standort der Moschee.

Es hat einige kleine Läden mit Souvenirs und anscheinend auch Homestays, falls man hier übernachten will. Interessant sind die Seeadler, die man bei einigen Häusern in Käfigen findet. Keine Ahnung, ob sie beim Fischen helfen, oder als Haustiere gehalten werden.

Ort: an der Phang Nga Bucht, am Ende einer Straße, die sich idyllisch vom Highway 4 bei Phang Nga südlich schlängelt. Den Abzweiger zu erwischen ist etwas verzwickt, aber das Dorf und der Weg durch kleine Dörfer mit muslimischen Bewohnern bis zu den Mangrovenwäldern einen Abstecher wert. DG: 8.36216, 98.57718 / GMS: N 8°21'43.776'' O 98°34'37.847''

White Water Rafting

Wildwasserfahren wird häufig als Tagesausflug angeboten, zusammen mit anderen Attraktionen (wie Zipline oder Elefantenreiten oder Quad-biken) inklusive Transport und Essen. Kinder können teilnehmen, es ist aber empfohlen, dass sie (trotz obligatorischer Schwimmweste) alleine schwimmen können.

Start ist bei der **Ton Pariwat** Wildlife Station, wo die Einführung stattfindet. Mit dem 5 Personen-Schlauchboot und einem erfahrenen Führer geht es dann 5 Kilometer den relativ engen Fluss **Khlong Song Phraek** hinunter über ein paar Stromschnellen und an Felsen vorbei. Die Fahrt dauert etwa 45 Minuten und ist ganzjährig machbar, wobei es in der Regenzeit wegen der Wassermenge aufregender ist. In der Trockenzeit stauen sie oben das Wasser und lassen es zusammen mit den Raftern herunter. Verglichen mit dem White Water Rafting andernorts ist dies ziemlich zahm, macht aber dennoch Spaß.

Ton Pariwat Wildlife Sanctuary

Der Naturpark in dem das White Water Rafting stattfindet heißt Ton Pariwat und besteht aus 224 km2 grüner Wald und Hügeln oberhalb von Phang Nga. Hauptquartier: DG: 8.61123, 98.55054 / GMS: N 8° 36' 40.428'' O 98° 33' 1.943''

Im Park befindet sich der Namtok Ton Pariwat, besser bekannt als Namtok **Song Phraek**, ein **Wasserfall** etwa 100 m vom Hauptquartier entfernt. Der niedrige Wasserfall hat eine Senke in der man schwimmen kann. Im Gestein finden sich Eisenablagerungen, früher wurde in der Gegend in Minen danach geschürft. In der Regenzeit führt der Fluss viel Wasser. DG: 8.59766, 98.56111, GMS: N 8° 35' 51.576'' O 98° 33' 39.995''

Ein zwei Kilometer langer Naturwanderweg findet sich ebenfalls im Park. Auf dem Weg findet man mit etwas Glück die Bua Phut – **Rafflesia kerrii,** eine Pflanze mit der größten Blüte (ca. 80 cm Durchmesser) – sie blüht gegen Ende der Regenzeit: im Oktober. Für den etwa einstündigen Weg braucht man einen Führer, den man im Hauptquartier bekommt.

Die Phang Nga Bucht

Nur eine Stunde mit dem Auto von Khao Lak entfernt ist diese wundervolle, riesige Bucht (401 km2 macht alleine der Nationalpark-Teil aus) mit **Mangroven Wäldern** an den Rändern und steil hervorstehenden Karst-Formationen (Kalksteinhügel) die aus dem Wasser ragen. Der bestbekannte Teil ist **Koh Tapu** – allgemein als **James Bond Felsen** bekannt, aber es gibt noch weitere schöne Inseln, Felsformationen, Höhlen und Steinmalereien.

Die Phang Nga Bay gehört zum **UNESCO Weltkulturerbe**. Ursprünglich entstand die Bucht aus dem Boden und den Korallenablagerungen eines urzeitlichen Meeres, das durch Faltung aufgeworfen wurde und danach größtenteils wieder abgetragen. Sie hat somit denselben Ursprung wie Halong Bay (in Vietnam) – und das sieht man. 42 Inseln gibt es in der Bucht – und die einzigartige Landschaft zieht jährlich viele Touristen an.

Phang Nga Bay Tour

Für den Besuch lohnt es sich, eine **Tages-Tour** zu buchen. Sie verläuft etwa so:

Inklusive sind Transfers, Nationalparkgebühren, Schwimmwesten (vor allem für die Kinder), Mittagessen und (nichtalkoholische) Getränke, Versicherung und Führer.

Mitnehmen: Sonnenschutz, Hut (mindestens für den Kanu-Ausflug), Fotoapparat in wasserfester Tasche, Badetuch, Badeanzug.

Abholung beim Hotel ca. um 8 Uhr und Fahrt nach Süden – etwa eine Stunde zu einem kleinen Pier in den Mangroven bei Phang Nga Bay. Je nach Stand der Gezeiten fährt man mit einem **Long-Tail Boot** durch die Mangroven ... nicht alle Wege sind bei Ebbe fahrbar. Überhaupt ist das Meer hier nur wenige Meter tief – ein Grund weshalb es nicht oft hohe Wellen hat. Man besucht **Koh Tapu**, fährt in der Bucht und durch Kalksteinhöhlen **Kajak,** besichtigt eventuell die **Höhlenmalereien**, Mittagessen im **Fischerdorf der Seezigeuner**. Zurück zum Festland besucht man noch den Höhlentempel mit den Affen: **Wat Suwanakhua** bevor es zurück ins Hotel geht.

Die Tour ist in meinen Augen ihr Geld wert, und für jedes Alter geeignet. Sie kombiniert schöne Landschaft mit etwas Aktivität, etwas Kultur und feinem Mittagessen an interessanter Lage.

James Bond Island

Ko Tapu – James Bond Island

Erster Stopp ist meistens Ko Tapu oder eben: James Bond Island. Der 20 m hohe, einsam im Meer stehende Felsklotz kam im James Bond Film „Der Mann mit dem goldenen Colt“ von 1974 prominent zur Geltung ... Wer allerdings glaubt das Versteck oder besser die großartige Villa des Bösewichtes Scaramange hier zu entdecken, wird enttäuscht: auch in der Felsspalte mit der Gedenkplakette ist sie nicht zu finden.

Ein schmaler Weg führt auf der rechten Seite hoch und halb um die Insel herum zu den Resten eines Piers (den es weggeschwemmt hat) und einem kleinen Sandstrand.

Mitten auf der Insel hat es außerdem inzwischen eine Menge kleine Souvenirshops, wo man auch Eis und Getränke bekommt. Man sollte davon Abstand nehmen die hier angebotenen

Muscheln und Korallen zu kaufen – die darf man nämlich nicht ausführen.

Alleine ist man hier nie ... außer vielleicht man organisiert mal eine Privattour gegen Abend – nach 17 Uhr ist die Insel wieder verlassen.

Kajak fahren in der Phang Nga Bucht

Weiter geht es mit dem Longtail-Boot zu einer Kanu-Station: ein größeres Boot das stationär angemacht ist in der Nähe von Felseninseln mit Höhlen. Dort steigt man auf Kanus um und paddelt mit einem Führer in einem anderen Kajak während etwa 30 bis 45 Minuten durch Mangroven und Höhlen. Bei manchen Touren kann man sich auch paddeln lassen.

Kajaken in versteckte Buchten

Felsmalereien

Unterwegs in der Bucht kommt man an **Malereien an den Felswänden** vorbei: Fische und Delfin sind erkennbar. Das Alter der Zeichnungen ist unbekannt.

Koh Panyi - Seezigeunerdorf

Im Fischerdorf Koh Panyi gibt es eine kleine Führung. Das 300 Jahre alte Dorf ist komplett auf Stelzen erbaut, nur ein kleiner Teil (dort wo die Moschee steht) steht auf Land. Im Dorf gibt es außer der Reihe Restaurants auch eine Vielzahl an Souvenir-Shops. Beim Tsunami ist übrigens keiner der Einwohner umgekommen, da sie durch das zurückweichen des Meeres gewarnt waren und jemand gewusst hat, was das bedeutet worauf sie dann auf die Höhe geflüchtet sind.

Kho Yao Noi

Die „schmale lange Insel“ – was die Übersetzung ihres Namens ist, zieht mit ihren Unterkünften und der relativen Abgeschiedenheit mitten in der Phang Nga Bucht Touristen der gehobenen Klasse an – seit neuerem auch viele Hochzeiten oder Flitterwöchner. Die Insel bietet hügelige grüne Landschaft, Mangrovenwälder, Strände und daneben muslimische Dörfer, deren Bewohner mit ihrem Leben weitermachen, als wären die

Touristen nicht da. Eine Hauptstraße umrundet den südlichen Teil der Insel, wo all die touristisch entwickelten Orte sind, ein paar ungeteerte Wege führen nach Norden. Die meisten Straßenschilder sind auch in englisch. Man kommt hierher mit der Fähre oder dem Longtailboot von Phuket, wobei man am Manoh Pier im Südwesten landet oder von Krabi her am Tha Khao Pier an der Ostküste.

Ko Yao Yai

Das ist die größte Insel in der Yao Inselgruppe in der Andaman See, der Phang Nga Bay, etwa in der Mitte zwischen Phuket und Krabi. Sie hat Sandstrände, Mangroven, Kautschukplantagen und kleine Fischerdörfchen. Die Insel ist umgeben von Korallen und Tauchstellen wie dem King Cruiser Wrack in der Nähe des Anemonen Riffs und den Felssäulen beim Shark Point. Koh Yao Yai liegt neben der kleineren Insel Ko Yao Noi, die besser touristisch erschlossen ist und einige Hotels hat – auf Yao Yai dagegen hat es einige kleinere Bungalows und bisher nur ein größeres Resort. Das ist auch das, was die Insel noch so besonders macht: ihre Ursprünglichkeit. Es gibt eine asphaltierte Straße vom Pier bis in Prunai, dem größten Dorf der Insel, wo es einige Garküchen und kleine Shops gibt und seit 2016 auch einen 7-Eleven. Der Rest der Straßen, die von diesem Dorf abgehen sind Schotterpisten zu anderen Teilen der Insel. Die schönsten Strände sind an der Westküste zu finden. Der **Lo Pared Beach** ist ein gut zum Schwimmen geeigneter Sandstrand. **Ao Som** im Norden der Insel bietet Blick auf die Felsen der Phang Nga Bucht, der naturbelassene **Hua Laem Beach** liegt sehr einsam, hat aber einen wunderschönen Sandstrand.

Man kommt mittels Touren auf die Insel, muss das aber häufig noch selber organisieren. Oder man startet von Phang Nga, Phuket oder Krabi mit dem Boot. Speedboote oder Longtailboote fahren von den Piers aus oder man nimmt eine Fähre. Vom **Chiawanich Pier in Phuket** fährt (ausser Freitags) 3x täglich eine größere Fähre, die auch am Nachmittag Autos transportiert. Sie legt am Loh Jark Pier im Süden der Insel an. Vom **Bang Rong Pier** im Norden Phukets aus fahren alle 90 Minuten Personenfähren, die im Norden der Insel am Klong Hig Pier anlegen. Auf Koh Yao Yai gibt es die Möglichkeit ein Taxi zu nehmen oder Mopeds zu mieten. ATMs gibt es keine, weshalb man genug Bargeld mitnehmen sollte.

Makaken – an einigen Orten um die Phang Nga Bucht zu finden

Phang Nga Bay mit der Chinesischen Dschunke

Dieser Ausflug ist etwas für romantische Momente: **Sunset Dinner Cruise.** Abendessen bei Sonnenuntergang in der malerischen Phang Nga Bucht an Bord einer chinesischen Dschunke. Man wird am späten Nachmittag vom Hotel in Khao Lak abgeholt, etwa einstündige Fahrt zum Yacht Hafen Marina in Phuket. Abendessen auf der **June Bahtra**, einer traditionellen Chinesischen Dschunke.

Am Abend ist die Bucht praktisch verlassen (von Touristen und Einheimischen) und bietet bei Sonnenuntergang wunderschöne Motive. Dazu ein feines Essen und alles ist perfekt. Nachts wird man via Marina wieder zum Hotel zurückgebracht.

VI

Phuket

Eine Insel ist nicht mehr wert als das Festland, wenn sie zu groß ist.

David Herbert Lawrence

Unten auf Phuket

Phuket Ausflüge: Viele Tourenanbieter bieten von Khao Lak aus Tages-Ausflüge nach Phuket an – oft auch so, dass man sie selber zusammenstellen kann. Dazu hier ein paar Empfehlungen und Informationen:

Sarasin Bridge

Phuket ist eine Insel. Technisch gesehen, auch wenn sie sehr groß ist und man (wenn man dort ist) oft nicht das Gefühl hat auf einer Insel zu sein. Mit 576 km2 ist Phuket Thailands grösste Insel. Als solche ist sie vom Festland durch Wasser getrennt. Allerdings sind das gerade mal etwa 500 m Wasser und eine Brücke verbindet die beiden Landteile.

Inzwischen ist es eigentlich die dritte Brücke am selben Ort. Die erste stammt von 1967 und war **Sarasin** benannt nach einem heute vergessenen Politiker. Vorher schon gab es an der Stelle eine Fähre. Für den Verkehr in den 70er Jahren reichte die erste kleine Brücke aus, dann wurde der Verkehr (und der Tourismus) zu groß und es wurde in den 80er Jahren eine zweite Brücke gebaut. Und dann 2011 die neuste Variante: Diese heißt **Thepkasattri Bridge**, aber eigentlich reden alle noch von der Sarasin Brücke. Die alte Brücke (die zweite) haben sie daneben stehen lassen und mit einer hübschen Aufbaute versehen – heute gilt sie als kleinere Touristenattraktion, die zu Fuß begangen werden kann. DG 8.20165, 98.29795 / GMS N 8°12'5.94''O 98°17'52.62''

Auf der Sarasin Brücke

Besonders schön ist die Brücke zu Sonnenuntergang von der kleinen Plattform in der Mitte aus. Neben den Touristen sieht man hier abends auch immer Angler.

Auf der Seite von Phuket stehen kleine Stände mit Getränken und Essen.

Auf der Phang Nga Seite finden sich eine Reihe beliebter Shops, wo man außer T-Shirts, Spielzeug auch getrockneten Fisch kaufen kann. – hier ist auch die beste Parkmöglichkeit für einen Besuch der Brücke.

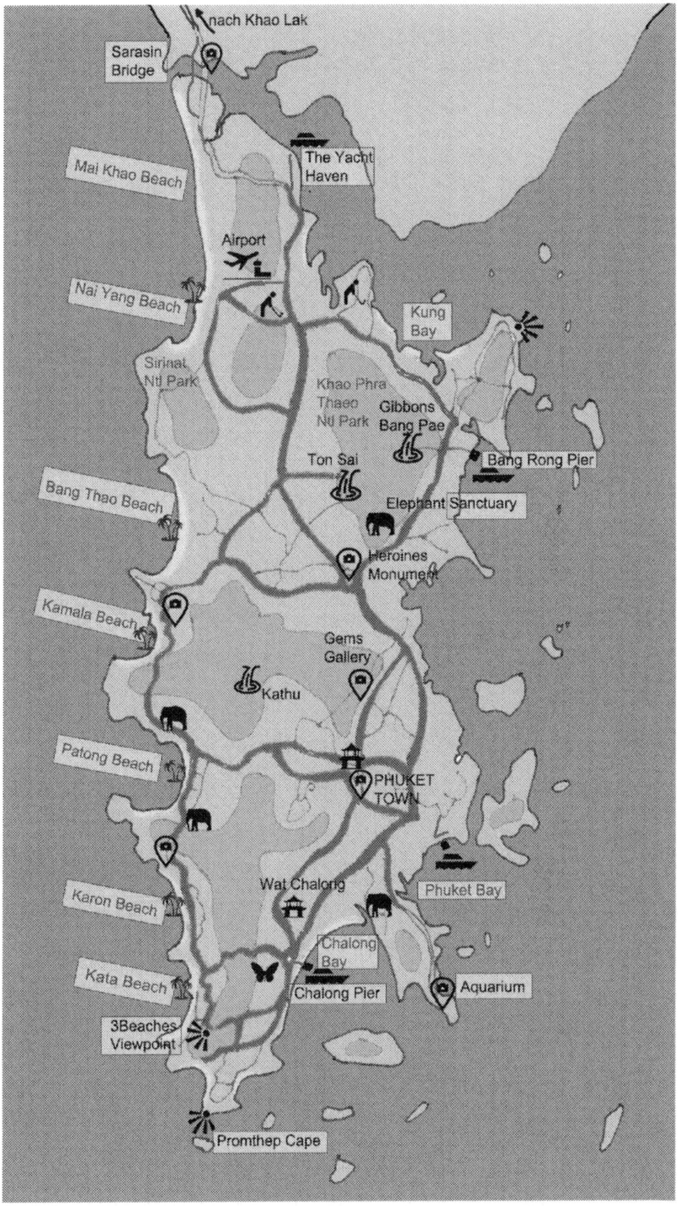

Karte Phuket

Splash Jungle Waterpark

Wer mit dem Hotel-Swimmingpool, dem Meer, den Wasserfällen, Flüssen und vielleicht dem Cheow Lan Lake noch nicht genug Wasser hatte, für den ist das hier etwas. Der bunte Wasserpark hat eine Vielzahl von aufregenden Wasserrutschen, wie dem Boomerango oder Super Bowl, außerdem ein Wellenbad, ein Lazy River, in dem man sich treiben lassen kann, ein Wasserspielplatz für die Kinder und Restaurant/ Bars.

Offen 10-18 Uhr. Eintrittspreise: ca. 1300 Baht pro Erwachsenem und 650 Baht für Kinder (bis 12 Jahre) gratis für Kinder unter 5 Jahren. http://www.splashjunglewaterpark.com/

Ort: In der Nähe des Flugplatzes Phuket. Beim Centara Grand. DG 8.11748, 98.3062 / GMS N 8°7'2.928'', O 98°18'22.32''

Nordost-Phuket

Ein Ausflug mit Aussicht auf die Phang Nga Bay, touristisch wenig entdeckter Gegend, schwimmendem Restaurant und mehr.

Phuket ist heute sehr touristisch überlaufen und das letzte Mal als wir Autofahren waren, hatte ich das Gefühl es hat mehr Autos auf der Straße als die Insel Einwohner hat. Umso mehr erstaunt es, dass nur wenig abseits der Touristenströme und Routen immer noch praktisch unberührte Fleckchen zu entdecken sind. Wer ein bisschen vom früheren Phuket sehen will, der sollte diesen Ausflug machen.

Panorama Straßen

Im Nordosten von Phuket hat es zwei „Loops“: Straßen, die einen großen Bogen machen um zum Hauptweg zurückzukommen ... wobei hier der Hauptweg schon eher selber eine Nebenstraße ist.

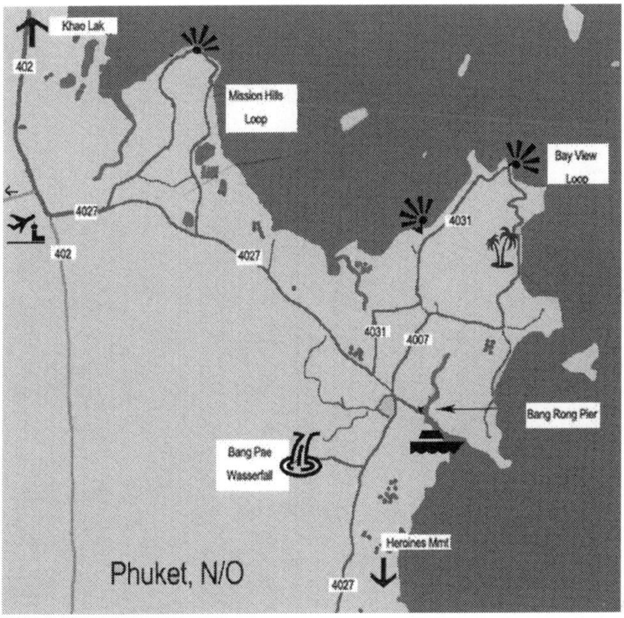

Um auf diesen **Bay View Loop** zu kommen und zum **Laem Khat**, gibt es zwei Varianten. Anfahrt von unten (Süden): Vom Kreisel beim Heroines Monument nimmt man die 4027 und biegt 12 km später in Richtung Ao Po Pier nach rechts ab, nach weiteren drei Kilometern nimmt man die Abzweigung (wieder rechts) zum Radi Medical Center. Folge der Straße und man kommt auf einen hübschen Loop, der einen nach einsamen Stränden, spektakulären Aussichten auf die Felsen und Inseln in der Phang Nga Bucht und einigen steilen Kurven und Achterbahnartigen

Höhenunterschieden zurück zur Ao Po Straße bringt.

DG 8.09804, 98.43248 / GMS N 8°5'52.944'', O 98°25'56.927''

Noch schönere Ausblicke, aber eine weniger spektakuläre Straße findet man beim **Mission Hills Loop** gerade daneben.

DG 8.11624, 98.37381 / GMS N 8°6'58.464'', O 98°22'25.716''

Anfahrt dafür (diesmal von Norden): Von der Thepkasatri Road (der Highway 402, die Hauptverbindungsachse in der Mitte von Phuket und die Straße, die über die Brücke zum Festland führt) nimmt man die kleine Seitenstraße nur wenig südlich vom Abzweiger, der zum Flugplatz führt auf die Straße 4027. Vorsicht: die Einfahrt zur Straße ist eng, sie ist nicht gut angeschrieben und man verfehlt sie leicht. Das ist ungeschickt, weil hier die Straße (wie auf Phuket oft üblich) zweigeteilt ist und man ihr bis zum nächsten U-Turn (drei Kilometer später) folgen muss. Dort wenden und zurückfahren, dann kann man an der Kreuzung mit der Ampel nicht nach rechts, fährt also in die Straße zum Flugplatz (nach links statt nach rechts, wo man hinwill) um dort dann einen weiteren U-Turn zu machen, zur Abzweigung mit der Ampel zurückzukommen und dann endlich einen zweiten Anlauf zu nehmen, die Straße zu erwischen ...)

Wenn man es aber geschafft hat, kommt man auf eine gut asphaltierte Straße, die je weiter man kommt, desto weniger befahren ist. Man nimmt den Abzweiger von der Straße nach Baan Laem Srai (nach links) für die guten Aussichten in die Bucht. Am Ende des Loops kommt man beim **Mission Hills Golfplatz** heraus. Hier in der Gegend gibt es große Ananasplantagen und es werden Palmen und Kautschuk angebaut.

Wenn man der Straße weiter folgt, kommt man auf den „Hintereingang" zum oben beschriebenen Bay View Loop: Man achte wieder auf das Schild zum Radi Medical Center, dem man folgt.

Abgeschiedener Ao Po Strand

Bang Rong Pier

Die Gegend ist eine muslimische Gemeinde, man sieht hier verschleierte Frauen und Männer in muslimischer Bekleidung, die ihren täglichen Beschäftigungen nachgehen. Die Straße zum Pier ist einfach zu finden: Von der Hauptstraße (4007) biegt man bei der **Moschee** ab und folgt den Schildern zum **Bang Rong Pier**. DG 8.049898.41583 / GMS N 8°2'59.28'', O 98°24'56.987''

Es gibt eine Eintrittsschranke: Wenn man für längere Zeit hier parkiert (zum Beispiel, wenn man die Fähre nach **Koh Yao Noi** nimmt), dann muss man zahlen. Wenn man aber nur den Ort besuchen kommt und etwas isst, parkiert man gratis. In den Mangroven neben der Straße hat es häufig **Affen** (Makaken) – die können etwas aufdringlich werden, also Vorsicht.

Am Pier herrscht oft geschäftiges Treiben, nicht nur die Fähre, sondern auch Fischerboote (große und kleine) und mancher Transport wird hier über den Wasserweg getätigt.

Biegt man vor dem Wasser nach links ab auf einen Holzweg durch die Mangroven und folgt dem, kommt man bald zu einem **schwimmenden Restaurant.** Das kleine lokale Restaurant sieht zwar wenige Touristen, hat aber eine Karte auch auf Englisch und das Essen ist klein aber fein (und sehr günstig). Alkohol gibt es hier keinen. Während der Mahlzeit kann man dem Treiben auf dem Wasser zusehen und Vögel (und Fische) beobachten.

Von hier aus kann man **Bootsausflüge mit dem Kajak in die Mangroven** machen – einfach beim Restaurant fragen, die Kajak und eventuell Führer vermieten.

Mangroven beim Bang Rong Pier

Gibbon Rehabilitation Project / Bang Pae Wasserfall

Gibbons sind die langarmigen Affen, die leider häufig missbraucht werden, um von Touristen, die sich mit diesen fotografieren lassen, Geld zu bekommen. Manche werden auch als Haustiere gehalten. Beides ist illegal und die Gibbons haben in Gefangenschaft ein elendiges Leben – wenn sie älter und aggressiver werden taugen sie nicht mehr für die Touristen, dann sind sie nur noch Ballast und werden häufig ausgesetzt, worauf sie verhungern.

Die Gibbons, die den Besitzern von der Polizei weggenommen werden, oder die abgegeben werden, bekommen im **Gibbon Rehabilitation Project** eine zweite Chance. Sie gehen durch eine längere Zeit der Rehabilitation bevor versucht wird, sie wieder auszuwildern. An Infowänden wird man über die verschiedenen Gibbons, die aktuell hier sind und ihre Geschichte informiert. Die Affen sind in großen Käfigen, manche still, andere lassen ihren typischen Ruf hören oder hangeln sich herum. DG 8.04242, 98.39326 / GMS N 8°2'32.712'', O 98°23'35.735''

Wem in Phuket oder anderswo angeboten wird, ein Bild mit einem Gibbon zu machen sollte ablehnen – und dafür ein Foto des Besitzers an dieses Projekt schicken: grp@gibbonproject.org. Man kann die Organisation auch mit Spenden vor Ort direkt unterstützen. Von den Parkgebühren für den **Khao Phra Thaeo National Park** hier (200 Baht) bekommt die Organisation übrigens nichts.

Etwas weiter führt der Weg zum **Bang Pae Wasserfall**. Am Restaurant vorher kann man sich mit Getränken eindecken – bitte die Flaschen wieder zurücknehmen! Der schmale Fußweg führt über Stock und Stein aufwärts bis zum relativ kleinen

Wasserfall in einer engen Mini-Schlucht.

Heroines Monument

Ein Denkmal, an dem man bei einem Phuket-Besuch fast zwingend vorbeikommt. Das Monument befindet sich im Zentrum der Insel auf der Hauptachse zwischen Nord und Süd – inmitten von einem Kreisel. Man sieht es gut aus dem Auto, aber zu Fuß hat man echte Probleme über die Straße zu kommen – vor allem bei dem heutigen Verkehr. Es ist den beiden Schwestern Muk und Chan gewidmet, die die lokale Bevölkerung bei einen Angriff gegen die Burmesen anführten und abwehrten. DG 7.98097, 98.36391 / GMS N 7°58'51.492'', O 98°21'50.076''

Phuket City / Old Town

Die Stadt Phuket wurde zur Zeit des Zinnabbaus erbaut, als die Insel wegen des Metalls großen finanziellen Auftrieb hatte. Heute wird die Stadt häufig von den Touristen übersehen, die sich hauptsächlich auf die bekannten Strände der Insel konzentrieren. Das ist eigentlich schade, ist sie heute doch ein Mix aus alt und neu, betriebsam und ruhig.

In der **Altstadt von Phuket** sieht man geräumige Sino-Koloniale Gebäude, gebaut vor etwa 100 Jahren. Das Quartier ist übersichtlich und kann gut zu Fuß erkundet werden. Fünf Straßen enthalten die meisten Sehenswürdigkeiten: die **Thalang Road**, eine der ältesten Straßen, heute mit vielen Boutique Shops und Restaurants in seinen historischen Gebäuden, **Radada Road, Phang Nga Road, Dibuk Road und Krabi Road** und die kleinen Gässchen (Sois) darum.

Bekannt ist das **On On Hotel** – das älteste Hotel auf Phuket, (1929 eröffnet) das auch im Film „the Beach“ mit Leonardo Di Caprio vorkommt. 2012 wurde es vollständig renoviert. Heute heißt es Memory und zeigt sich nicht mehr schäbig, sondern sauber ... und groß. DG 7.88513, 98.38646 / GMS N 7°53'6.468'', O 98°23'11.255''

Der **Chinesischer Tempel Jui Tui** Shrine befindet sich auch in der Altstadt, am Soi Phuthorn, Ranong Road. Der Tempel wurde schon diverse Male renoviert und ist sehr sehenswert (und bunt). Der hier verehrte Hauptgott ist Tean Huan Soy, Patron von Künstlern und Tänzern: Eine Statue von ihm findet sich an der höchsten Stelle des Hauptaltars, er wird begleitet von einem Huhn und einem Hund, die neben ihm stehen, anscheinend seine Lieblingstiere.

Walking Street: Das ist ein jeweils am Sonntag stattfindender Markt von 16 bis 22 Uhr. Auch unter der Woche wird die 350 m lange Straße mit den vielen Shops, Restaurants, Bars und Gästehäusern häufig besucht, aber der Gipfel wird an dem wochenendlichen Event erreicht.

Phuket Trickeye Museum

Für Kinder interessant ist das **Phuket Trickeye Museum** – erst 2014 eröffnet, rein der Optischen Täuschung gewidmet. Man kann in die (etwa 100) perspektivisch gemalten Bilder stehen und erstaunliche und amüsante Fotos von sich machen. Das Museum findet sich an der Kreuzung Montri und Phang Nga Road. Offen 9 – 21 Uhr. DG 7.88317, 98.3925 / GMS N 7°52'59.412'', O 98°23'32.999''

Khao Rang

Der Rang Hill ist die zweitgrößte Erhebung in Phuket Stadt. Er befindet sich im nordwestlichen Teil der Stadt und ist bedeckt von dichter Vegetation. Er ist bekannt für die Aussicht, die er über die Stadt und die südöstliche Küste bietet. Auf dem Hügel findet sich ein großer goldener Buddha (der erste, den sie auf Phuket gebaut haben) und ein Fitnessparkour. In drei Restaurants kann man essen gehen. DG 7.89274, 98.38009 / GMS N 7°53'33.864'', O 98°22'48.323''

Phuket Aquarium

Der Besuch dieses Aquariums ist etwas für einen netten Nachmittagsausflug mit der Familie, wobei man noch etwas über das Leben im Meer lernt. Tausende bunte exotische Fische und andere Meereslebewesen können hier in 30 Tanks beobachtet werden – bemerkenswert iste der Unterwassertunnel zwischen Haien, Mantas und anderen großen Fischen. Ob sie das Grabbelbecken, wo man mache Meeresbewohner wie Seegurken, Seesterne und Seeigel auch anfassen konnte noch haben, weiß ich nicht – aber das fand Junior speziell spannend.

Offen von 8.30 bis 16 Uhr, 7 Tage die Woche. Eintritt: Erwachsene 100 Baht, Kinder 50 Baht.

Ort: Unterhalb von Phuket Stadt ganz am Ende einer Landzunge. DG 7.80347, 98.40788 / GMS N 7°48'12.492'', O 98°24'28.368''

Wat Chalong

Wat Chalong, auch **Chaithararam Tempel** genannt ist der wichtigste Tempel auf Phuket und einer der größten und prächtigsten in der Gegend. Einem der hier verehrten Mönche werden magische Kräfte zugeschrieben und viele kommen hierher, um ihn um Hilfe zu bitten – und bei erfüllen des Wunsches werden Knallerketten abgebrannt ... was öfter mal vorkommt. Das neuste Gebäude ist der große Chedi, der bis unter die Spitze besichtigt werden kann. Offen täglich 7 - 17 Uhr.

Ort: Vom Kreisverkehr in Chalong kommend nach etwa vier Kilometer auf der rechten Seite. Vom Central Festival her nach etwa sechs Kilometer auf der linken Seite. DG 7.84678, 98.3369 / GMS N 7°50'48.408'', O 98°20'12.839''

Zur Zeit um das **chinesische Neujahr** herum (2018 wird das am 16. Februar sein), findet hier immer **der grosse Markt** statt, wo man nicht nur riesig shoppen und Essen ausprobieren kann, sondern wo es auch Vergnügungsbahnen aufgestellt hat

Promthep Cape

Der südlichste Punkt von Phuket ist ein sehr beliebter Ausflugsort, besonders zum Sonnenuntergang. Da kann es (trotz großem Parkplatz) sehr voll werden. Es ist ein schöner Ort um den Sonnenuntergang zu sehen ... aber der ist auch anderswo toll. Der Punkt bietet Aussicht nach Naiharn, zu den Racha Inseln und weitere kleine in der Andaman See. Interessant fand ich hier immer die (wechselnde) Sammlung an Elefanten-Statuen in allen Grössen. Öffnungszeiten: rund um die Uhr – vor 17 Uhr ist der Rummel nicht so groß.

Ort: Laem Promthep kann sowohl von Nau Harn als auch von Rawai aus angefahren werden. DG 7.76321, 98.3052 /GMS N 7°45'47.556'', O 98°18'18.719''

Karon (Kata) Aussichtspunkt / 3-Beaches Viewpoint

Einer der bekanntesten Ausblicke auf Phuket. Man sieht die Strände Kata Noi Kata Yai und Karon (in dieser Reihenfolge). Vor dem Kata Beach ist die Insel Ko Pu zu sehen.

Ort: Von Kata kommend Richtung Kata Noi, dann links den steilen Hügel hinauf. Von Chalong, Rawai, Nai Harn kommend gibt es in der Saiyuan eine Kreuzung wo es nach Nai Harn, Chalong und Kata geht. Man folgt der Straße Richtung Kata.

DG 7.79722, 98.30226 / GMS N 7°47'49.992'' O 98°18'8.136''

3 Beaches Viewpoint

Zorbing Phuket, Rollerball

Zorbing oder Rollerball nennt man das, wenn man in eine große, gepolsterte, durchscheinende Plastikkugel steigt und sich darin den Hang hinunterrollen lässt. Erfunden wurde es in Neuseeland, aber es gibt inzwischen einige Orte wo man das sonst machen kann – so wie hier in Phuket.

In Kalim, direkt nördlich von **Patong** oben auf dem Hügel, hat man einen hübschen Ausblick über Patong, den man auch bei einem Getränk genießen kann, falls man sich nicht getraut selber zu Zorben.

Ausgerüstet mit Schwimmweste steigt man in den Ball, bekommt frisches Wasser nachgeschüttet (was gut ist, wegen den hier teils herrschenden Temperaturen und weil man dann innen rutscht … und nicht wie ein Hamster im zu schnellen

Hamsterrad den Überschlag macht). Man kann wählen zwischen zwei Bahnen: die gerade ist steiler und sieht furchterregender aus, ist aber einfacher. Die kurvige herunterzurollen – das fühlt sich an, wie in einer Wasserbahn, in der man nicht sieht, wo es hingeht ... und entsprechend herumgeworfen wird. Unten wird man sicher vom Netz angehalten und mit Auto wieder zum Anfang transportiert.

Mitbringen: Schwimmanzug, etwas Mut. Kostenpunkt: ab 950 Baht pro Person und „Fahrt" plus ein Getränk. Bis zu 1950 Baht für 6 Fahrten, inklusive Getränk, Snack, T-Shirt und Foto. Offen: 10–18 Uhr

Ort: Kalim Bay View, Patong (gut angeschrieben). http://roller-ball.co/ DG 7.91683, 98.29714 / GMS N 7°55'0.588'', O 98°17'49.703''

Zorbing mit Meersicht

Phuket FantaSea

FantaSea ist ein **Themenpark und Show** inspiriert von Thailands Traditionen kombiniert mit neuer Technologie und Spezialeffekten. Das beinhaltet Akrobatik, Illusionen, Pyrotechnik, Stunts und mehr, mit über 400 Mitwirkenden, 44 Elefanten, 3 Tigern, 40 Geißen, Hühnern und 400 Tauben.

Auf dem Gelände befindet sich ein Themenkomplex mit Spielen, Handwerkshows und Shopping, ein Restaurant mit Platz für 4000 und Buffet, eine Las-Vegas Stil-Show (70 Minuten lang).

Touren hierher sind buchbar bei diversen Anbietern, dauern ab 4 Stunden und finden abends / nachts statt. Kombinierte Touren mit Besichtigung des Chalong Tempels und Patong beginnen nachmittags um 2 Uhr und nachts um 0.30 Uhr ist man zurück in Khao Lak. Auch möglich für Kinder ab 4 Jahren. Preise starten ab 1800 Baht pro Person. http://www.phuket-fantasea.com

Ort: Phuket, Kamala Beach, DG 7.95638, 98.28751 / GMS N 7°57'22.968'', O 98°17'15.035''

Weitere Attraktionen auf Phuket

Butterfly Garden Hübsch, ich empfehle aber den Besuch des näher gelegenen oben in Khao Lak, auch wenn der nicht so gross ist.

Phuket Zoo Von einem Besuch rate ich hier ab – er war schon diverse Male in der Presse wegen Tierquälerei ... und die Tiergehege sehen wirklich trist aus.

Eine neuere Attraktion ist **Tiger Kingdom**, wo Besucher mit lebenden Tigern in verschiedenem Alter (auf eigene Gefahr unter Aufsicht) Fotos machen können. Wie tierfreundlich das effektiv ist, weiß ich nicht, aber wenn ich an die Kontroversen mit dem Tiger-tempel oben in Ayutthaya denke ... rate ich hier auch eher ab.

Phuket Wake Park Wasserpark mit Möglichkeiten zum surfen an der Leine und auf stehenden Wellen. Etwas für größere Kinder.

Patong Beach Bekannt für sein Nachtleben mit Bars, Transvestitenshows und Kickboxen (heute nicht mehr so extrem wie früher, da sie vorgeschriebene Schließ-zeiten haben) und Shopping.

Big Buddha Genau das, nach dem es sich anhört: ein großer Buddha, auf einem Hügel mitten auf Phuket mit Aussicht.

Simons Cabaret Show mit Transvestiten. Südlich von Khao

Lak. Gibt es inzwischen in Khao Lak auch: Moo moo Cabaret.

Shopping Malls und Outlet stores. Asiatisch angehauchte Produkte und Wohnungseinrichtungen etc.

Gems Gallery Schmuck und Juwelen guter Qualität und mit Garantie. Die Preise sind entsprechend.

Es gibt noch einiges **mehr zu sehen und zu unternehmen**: Archery Shooting (Bogenschiessen), Go-Kart, Affen- und Schlangen-shows, Kletterparks … aber dafür gibt es gute Reiseführer, die sich auf Phuket konzentrieren.

Übrigens: Bei Tagesausflügen die nicht selber unternommen sondern gebucht werden, sind die Führer oft sehr flexibel, was die Planung und angefahrenen Orte und Attraktionen angeht – vor allem, wenn es sich um kleine Gruppen im Minibus handelt.

Phi Phi Island

Gelegentlich bekommt man auch in Khao Lak **Ausflüge auf Phi Phi Island** angeboten. Die Insel liegt noch unterhalb von Phuket und Tagesausflüge sind zwar möglich – nur dass man dann sicher nicht sehr viel davon hat, weil man nach kurzer Zeit zurück muss, damit das in einem Tag reicht. Das letzte Mal als ich dort war ist schon fast zehn Jahre her, aber ich fand es damals schon ein künstlicher Hype ... und die Korallen sahen wegen den vielen Booten und den darauf herumtrampelnden Touristen nicht mehr sehr gut aus – ich glaube nicht, dass das gebessert hat.

Krabi

Krabi liegt auf dem Festland, etwa 3 Stunden Fahrt von Khao Lak entfernt. Die Fahrt dauert deshalb so lange, da man nicht direkt fahren kann und die Landschaft dort das Fortkommen verlangsamt. Auf der Karte findet man es auf Höhe von Phuket auf der anderen Seite der Phang Nga Bucht. Da seine Strände ebenfalls nach Westen liegen, profitiert es sowohl von der direkten Sicht auf die Sonnenuntergänge, als auch von dem fantastischen Anblick der Phang Nga Bucht. Für einen Tagesausflug ist es in meinen Augen zu weit von Khao Lak entfernt, auch wenn einige Anbieter Touren dorthin machen.

Die Hauptattraktionen sind: **Ao Nang Beach** – praktisch Patong mit Aussicht in die Phang Nga Bay: Zahlreiche Shops und Bars und Restaurants und Schneider und Tourenanbieter ... wer das touristische Thailand liebt und den Trubel ist hier richtig. Ruhiger ist es am **Railay Beach**, der nur per Boot erreichbar ist, obwohl er direkt zwischen den belebten Orten Krabi Stadt und Ao Nang liegt. Der **Tiger Cave Temple** in einer langen Höhle ist dekoriert ist mit goldenen Buddha Statuen und Totenköpfen. Der **Emerald Pool** ist ein blauer Teich, gespeist von einer heißen Quelle.

Letztes Jahr haben wir ein paar Tage hier verbracht, aber nach Khao Lak ... war es uns zu hektisch und überlaufen. Es erinnert mich an Patong in Phuket vor ein paar Jahren inklusive laute Bars und sehr "aggressive" Verkäufer, vor allem bei Ao Nang.

VII

Was für Wen?

Das Reisen dient in jüngeren Jahren der Erziehung, in reiferen der Erfahrung.

Sir Francis von Verulam Bacon

Tipps und Ideen für jeden Geschmack

Tipps für Familien mit Kindern

Kinder sind neugierig und unternehmenslustig, das sollte man in den Ferien ausnutzen und nicht nur am Strand bleiben – auch wenn das schön sein kann. Es macht Spaß, neues zu versuchen, deshalb kann man Kinder durchaus auch ein bisschen Kultur zumuten, wie zum Beispiel einen Tempelbesuch oder ein Museum (ein möglichst interaktives). Oder auch das Essen: es muss nicht immer Spaghetti, SchniPoSa, Fish and Chips oder Pizza sein: Tempura ist super, weil das im frittierten Teig verstecktes Gemüse ist und eine milde Kokosmilchsuppe (Tom Kha Gai) liegt auch drin – man sollte das aber anmelden. Hier also noch weitere Tipps für Familien mit Kindern:

- Die größte Sandburg am Strand bauen
- Wasserfälle finden und darunter plantschen!
- Baden mit Fischen: im Sri Phang Nga Park
- Baden und rutschen im Sa Nang Manora Forest Park
- Tsunami Boot anschauen und im Tsunami Museum etwas lernen
- Khao Sok Ausflüge und Aktivitäten
- Elefantenreiten oder -baden
- Bambus-Floss-fahren
- Kajak fahren: in den Mangroven („kleines Amazonas“, auf

See (Cheow Lan) oder Meer (Phang Nga Bucht)

- Phang Nga Bay Tour
- Khao Lak Minigolf
- Turtle Konservatorium bei Thai Muang (oder bei Lamru)
- Schnorchelausflug
- Kleiner Fahrradausflug in der Umgebung von Khao Lak (mit dem E-Bike mühelos)
- Marktbesuch und Spezialitäten versuchen: Bang Niang Market, Sonntagsmarkt in der Altstadt von Takua Pa
- Affen sehen (mit der nötigen Vorsicht) beim Wat Suwan Kuha (Phang Nga) oder Monkey Temple beim Khao Sok – oder Gibbons: wenn man Glück hat auf dem Cheow Lan Lake (am besten frühmorgens) oder unten bei Phuket im Gibbons Retaliation Center
- Süsses und Plantschen: Mini-Wasserpark im 360 Degree Kaffee
- Ein Tag lang im Wasserpark Phuket
- Rollerball Patong
- Phuket Trickeye Museum
- Phuket Aquarium

Romantisches für Pärchen

Mit seiner Lage an langen, goldenen Sandstränden gegen Westen ist Khao Lak prädestiniert für romantisches flanieren am Strand und den Sonnenuntergang genießen. Ein feines Essen passt immer – vor allem, da die Thailänder selber gerne gut und oft essen. Es gibt einige Restaurants und Beizen am Strand, auch wenn sich heutzutage die meisten an der Straße im Inland befinden. Wer es exklusiver mag, erkundige sich bei seinem Hotel, ob sie "Private Dinner" organisieren. Einige Hotels bieten diese Nachtessen auch am Strand an: etwas auf der Seite wird der Tisch aufgestellt und ein feines Nachtessen zubereitet. Man bekommt seinen eigenen Koch und Service und hat die Ruhe. Das Hotel Sarojin bietet (aber nur für Gäste) auch die Möglichkeit für ein Dinner unter dem Wasserfall. Hier ein paar Tipps auch für nicht so riesige Budgets:

- Einen einsamen Strand suchen und finden
- Flanieren am Strand abends
- Romantisches Dinner am Strand
- Sunset-Dinner auf chinesischer Dschunke in der Phang Nga Bucht
- Massage oder Behandlung buchen im Spa (Es werden auch Partnermassagen angeboten ...)
- Baden mit dem Elefant
- Bambusfloss fahren im grünen Regenwald
- Cocktails im Moo Moo's Cabaret
- Nachts eine Himmelslaterne steigen lassen
- Neu einkleiden beim Schneider
- Kuchen oder Crêpes oder Eis (hier mit Aussicht: im Tree Cup bei Phang Nga)
- Schnorchel Ausflug Similan Islands oder Ko Tachai

- Reiten am Strand
- Übernachten im Zelt und Sonnenaufgang am Samet Nangshe Aussichtspunkt bei Phang Nga
- Cheow Lan Lake: übernachten auf dem Wasser
- In heißer Quelle einweichen im Spa-Resort Ban Bo Dan
- Phuket Fantasea Show besuchen

Sportliches für Aktive und Abenteuerlustige

Auch für Leute, die gerne ein bisschen mehr „Action“ haben, bietet Khao Lak einiges. Mit den vielen Nationalparks an Land und im Meer in unmittelbarer Umgebung kann man direkt raus in die Natur für alle möglichen Freizeitaktivitäten alleine oder in der Gruppe. Das Nachtleben ist halt nicht so riesig – auch wenn sich hier einiges findet. Partylöwen, die das brauchen machen einen Ausflug runter nach Patong. Tipps für Leute, die „raus“ müssen:

- Tauchausflüge mit Liveaboards
- Schnorcheln mit Wasserschildkröten bei den Similan Inseln
- Surfen am Pakarang Beach
- Trekking im Lam Ru Nationalpark
- Paintball
- Elephant Fly Zipline
- White Water Rafting
- Thai-Boxen Trainingsstunde

- Reitausflüge
- Massage am Strand
- Marktbesuch und frittierte Insekten und andere Spezialitäten versuchen
- Moo-moos Cabaret
- Fullmoon Party
- Phuket-Ausflug und Patong Nachtleben
- Sportfischen
- Khao Sok Ausflüge und Trekkingtour
- Fahrradausflug auf Koh Kho Khao Island
- Fahrradausflug zum Takua Pa Sonntagsmarkt in der Altstadt
- Rollerball Phuket

Abseits der Touristenrouten

Khao Lak lebt vom Tourismus und entsprechend breit sind die Angebote. Tourenausflüge aller Arten – meist in Gruppen – werden angeboten. Man kann viele der Ausflüge aber auch in kleineren Gruppen, als Privattransfer oder als Selbstfahrer haben oder machen. Um den anderen Touristen aus dem Weg zu gehen, reicht es manchmal, das nicht zu den Hauptzeiten zu unternehmen, sondern früher am Morgen oder am Abend nach 17 Uhr. Und dann gibt es natürlich noch überall die Orte, die es zu entdecken gibt, die nicht (so) bekannt sind, wo man praktisch nur Einheimische antrifft … Hier sind ein paar davon

- Geh' Entdecken!

- Picknick bei Sonnenuntergang am Phangnga Aussichtspunkt oder Übernachtung dort im Zelt
- Schnorcheln bei Koh Kham und Laem Son Nationalpark
- Fahrradfahren auf Koh Kho Khao
- Trekking im Khao Sok Nationalpark (Mehrtagesausflüge)
- Hot springs bei Kapong
- Wat Bang Riang möglichst Morgens
- Baan Bang Phat –Seezigeunerdorf
- Eigener Ausflug in die Mangroven: Nordost-Phuket und Kajak mieten am Bang Rong Pier.
- Tagesausflug oder mit Übernachtung auf Ko Yao Yai

Zeltübernachtung mit Aussicht

Routen-Tipps für Selbstfahrer oder Miettaxi

Tempel und Höhlen - Tour Phang Nga:

Khao Lak (Tempel) – Phang Nga– Wat Suwan Khuha – Phung Chang Cave – Wat Thamtapan – Sa Nang Manora Forest Ntl Park – Khao Lak

Kapong Tour: Natur und Kultur:

Khao Lak – Lam Ru Wasserfall, –Kapong Tempel – heiße Quellen – Takua Pa Altstadt – Khao Lak

Alles ums Wasser:

Khao Lak – Sau Rung Waterfall – Ban Bam Khem Tsunami Memorial Center – Fähre nach Khao Sok – Khao Sok anschauen – Fähre zurück – Tam Nang Waterfall – zurück auf Khao Lak

Grosse Rundtour: (Tagesausflug)

Khao Lak – Takua Pa – Khao Sok (Wasserfall, Viewpoint, Restaurant) – Cheow Lan Lake – südwärts Bang Riang Tempel – hier kurvige Panoramastraße 4 – Sao Manora Forest Park – Khao Lak. Das bedeutet ziemlich viel fahren, aber auf schönen Straßen und man kann zwischendurch immer wieder stoppen für die Attraktionen)

Phang Nga Tour: (Halbtages bis Tagesausflug)

Khao Lak – Thai Muang (Turtle Sanctuary) – Kaffee im Tree Cups – Surakul Pier (Bootsfahrt Mangroven/Phang Nga Bucht) – Wat Suwan Khuha – Bang Pat Fischerdorf (Essen) – Phang Nga – Phung Chang Cave – Sa Manora Forest Park – Khao Lak

Phuket, der Norden: (Halbtagesausflug)

Khao Lak – Andaman Viewpoint (360 Degrees Coffee) – Sarasin Bridge – Mission Hills Loop – Bay View Loop – Mittagessen im schwimmenden Restaurant am Bang Rong Pier – Gibbons Rehabilitation Project und Bang Pae Waterfall – Heroines Monument – retour auf Khao Lak

Phuket komplett: (Tagesausflug)

Khao Lak – Sarasin Bridge –Heroines Monument – Phuket Town – Wat Chalong – Promthrep Cape – 3 Beaches Viewpoint – Rückfahrt via die Strandorte: Kata – Karon – Patong – Küstenstraße Kamala – Heroines Monument – retour nach Khao Lak. (Achtung: wegen dem starkem Verkehr auf Phuket ist das wirklich ein Tagesausflug und für Selbstfahrer eher anstrengend).

VIII

Allgemeine Informationen

Zum Reisen gehört Geduld, Mut, guter Humor, Vergessenheit aller häuslichen Sorgen, und dass man sich durch widrige Zufälle, Schwierigkeiten, böses Wetter, schlechte Kost und dergleichen nicht niederschlagen lässt.

Adolph Freiherr von Knigge

Gegen den Kulturschock

Thailändische Sitten: Do's and Dont's

- **Respekt gegenüber dem Königshaus**: Man beleidige nie den König (auch nicht, indem man Geld zerstört).
- **Respekt vor Buddha**: Kein Klettern auf Buddhastatuen, auch sollte man keine Buddhafiguren oder Bilder kaufen.
- **Die Sohlen der Füße** sollte man nie jemanden zuwenden, das gilt als sehr unhöflich.
- Thailänder sollte man **nie am Kopf berühren** (auch nicht Kinder!), da dort die Seele des Menschen sitzt.
- Bei den Händen gilt **die linke Hand** als unrein (das ist auch die, mit der man sich auf der Toilette reinigt), deshalb reiche man Geld / ein Geschenk / etwas zum Essen immer mit der rechten Hand herüber.
- **Öffentliches Schmusen** oder Zuschaustellen von Körperkontakt (bis auf Händchenhalten) werden nicht gerne gesehen.
- Die Thais schätzen **sittsame Kleidung**, sowohl in der Stadt als auch auf dem Land. In Restaurants, auch in denen am Strand, speist man mit Kleidern – und nicht in Badebekleidung, wie es Unsitte bei manchen „Farangs" (lies: Ausländern) ist. Sonnenbaden oben ohne ist verpönt, was auch in den von Europäern geprägten Urlaubsorten gilt.

- **Mönchen gegenüber** ist ebenfalls Achtsamkeit geboten. Manche dürfen Frauen nicht berühren. Als Frau bittet man deshalb einen Mann die Almosen zu übergeben, oder legt sie auf den Boden.

Der Wai ist der thailändische Gruß. Es wird von einem Ausländer nicht erwartet, ihn zu erwidern, vor allem, da es nicht einfach ist, ihn mit allen Hintersinnigkeiten richtig auszuführen. Wie tief der Kopf gesenkt wird oder die Hände gehoben hängt ab vom eigenen Status und dem des Gegenübers. Sicherer ist es da zu lächeln und mit dem Kopf zu nicken.

Thailänder reden sich meist mit den **Vornamen** an – das bedeutet, dass der eigene Name bei Transfer oder Tour-Reservationen gelegentlich nicht gerade zu finden ist, weil er unter dem Vornamen eingetragen wurde. Thailänder reden sich gegenseitig hauptsächlich mit Spitznamen an, die sie oft schon als Babys erhalten.

Gelegentlich wird man **persönliches gefragt**, was fast indiskret erscheint. Eine typische Frage wäre „Wie viel verdienst Du?“ – das ist hier reine Anteilnahme und Neugier. Man kann darauf auch sehr gut antworten: „Weiß ich selber nicht“ oder „Es reicht für uns“ ...

Gräng Jai beschreibt eine Typische Charaktereigenschaft der Thailänder und bedeutet Rücksicht auf andere nehmen, keine Ansprüche stellen, Zurückhaltung zeigen. Gegenseitige Anteilnahme und ein höflicher Umgang wird sehr groß geschrieben. Mancher Thailänder sagt deshalb auch nicht gerne "Nein", wenn eine zustimmende Antwort von ihm erwartet wird – nur um nicht zu enttäuschen. Konfrontationen werden aus dem Weg gegangen, damit beide Seiten das Gesicht nicht verlieren. Deshalb sollte man auch darauf verzichten öffentlich Land und Leute zu kritisieren. Kommt es doch zu einer solchen Situation sollte man freundlich bleiben und die Kritik mit Lob ausgleichen und ... *viel lächeln.*

Denn **in Thailand öffnet das Lächeln Türen** ... und hilft über so manchen (eigenen) Faux pas hinweg.

Feiertage

Wenige Länder haben mehr Feiertage als Thailand. Dabei sind Thailändische Feste und Feiertage eine oft sehr ausgelassene Angelegenheit – das zählt selbst für buddhistische Feierlichkeiten, von denen man das vielleicht nicht erwarten würde. Die meisten werden farbenprächtig und oft aufwendig gefeiert, nur wenige leise zelebriert.

An gesetzlichen Feiertagen haben alle Regierungsämter und Banken geschlossen. Fällt der Feiertag auf einen Samstag oder Sonntag ist dafür oft der nächste Montag arbeitsfrei. Die meisten Feiertage und Feste sind religiöser Natur, regionale Feste gedenken bedeutender Ereignisse aus der Landesgeschichte oder haben mit dem Königshaus zu tun. Wegen dem grossen Anteil im Land lebender Chinesen, werden auch typisch chinesische Feiertage mitzelebriert. Die religiösen Feste richten sich nach dem **Mondkalender** und wechseln deshalb jedes Jahr im Datum. Das Thailändische Mondjahr endet mit dem letzten Vollmond im November und beginnt mit dem darauffolgenden Neumond. Eine Liste der aktuellen Daten findet man zum Beispiel auf https://www.timeanddate.de/feiertage/thailand/. Die **nationalen Gedenktage** dagegen finden alljährlich zum gleichen Datum statt, da sie sich nach dem westlichen Kalender richten. Nach dem traditionellen thailändischen Mondkalender beginnt die Zeitrechnung in Thailand mit dem Todesjahr Buddhas. So ist also „unser" Jahr 2017 (nach Christus Geburt) das Jahr 2560 nach Buddha.

Multikulturell: chinesischer Tempel in Old Takua Pa

Januar

Erster Januar / Neujahr Landesweit, offizieller Feiertag. Wird in den meisten Hotels groß gefeiert mit Galadinner und entsprechenden Kleidervorschriften. Vor dem Gemeindehaus in Muang und in Takua Pa finden öffentliche „Making Merit" statt: die Mönche und Buddhisten versammeln sich bei den Tempeln um zu beten, singen, zusammen zu meditieren und Predigten zu hören, wie man ein gutes Leben lebt.

Februar / März

Chinesisches Neujahrsfest Landesweit, kein gesetzlicher Feiertag. Dauert 3 Tage. Wichtigstes Fest für die 12–15 % in Thailand lebenden Chinesen. Groß gefeiert mit Feuerwerk und Drachen zum Beispiel in Takua Pa oder in der Altstadt von Phuket. Basiert auf dem chinesischen Mondkalender.

Makha Puja Buddhistischer Feiertag, basierend auf dem Thailändischen „Mondkalender". Gesetzlicher Feiertag. An diesem Tag kamen 1250 Mönche ohne Einladung zusammen um eine Predigt Buddhas zu hören.

Loy Rüa Fest der Seezigeuner. Phuket/Phang Nga/Surin. Dabei werden hölzerne Miniaturboote (ca. 2.5 Meter lang) mitsamt Opfergaben auf dem Meer ausgesetzt um die Geister der Meere zu beschwichtigen. Das Fest findet zweimal jährlich statt: zu Beginn und nach Ende des Monsuns.

14. Februar – Valentinstag Kein gesetzlicher Feiertag

Thao Thep Krasatri & Thao Sri Suntorn – Fest in Phuket. Das sind die beiden Schwestern (Muk und Chan), die 1785 die Burmesen mittels Taktik und Tricks und Ausdauer davon abhalten konnten Phuket einzunehmen. Ihre Statuen bilden das Heroines Monument an dem großen Kreisel auf Phuket. An ihrem Festtag wird das Denkmal mit üppigen Blumengirlanden geschmückt und man legt Blumen und Räucherstäbchen ab.

April

6. April – Chakri-Gedenktag Landesweit, offizieller Feiertag. Man gedenkt der Thronbesteigung von Rama I. Gründer der Chakri-Dynastie. Kerzenlichtprozessionen und allgemeines Volksfest.

13.–15. April – Songkran auch Wasserfest genannt. Landesweit, offizieller Feiertag. Thailändisches Neujahrsfest. Dabei bespritzen sich die Menschen auf Thailands Straßen mit Wasser. Da hier die Thailänder ihre Verwandten besuchen gehen, sind öffentliche Verkehrsmittel oft ausgebucht / voll.

Mai

Visakha Bucha Landesweit, heiligster Buddhistischer Feiertag, basierend auf dem Thailändischen „Mondkalender". Am Abend oder Vorabend finden zum Gedenken an die Geburt und Erleuchtung Buddhas in allen Tempeln Lichterprozessionen statt.

1. Mai – Tag der Arbeit Bankfeiertag. Landesweit, offizieller Feiertag,

5. Mai – Krönungstag von Yasothon, dem ehemaligen König Ramas IX / Bhumipol, der am 13.10.16 verstorben ist. Er war der am längsten amtierende König und seit 1992 der am längsten amtierende Monarch der Welt. Wegen seiner einigenden und stabilisierenden Kraft war er beim ganzen Volk beliebt.

Juli

1. Juli – Mitte des Jahres Feiertag, Bankfeiertag, alle Banken im Land sind geschlossen.

Asalha Puja / Asanha Bucha Kein gesetzlicher Feiertag. Buddhistischer Feiertag. Gemäß dem Thailändischen „Mondkalender". Er erinnert an die erste öffentliche Predigt Buddhas.

Beginn von Vassa der dreimonatigen Regenzeitklausur gemäß dem Thailändischen „Mondkalender". Buddhistischer Feiertag, kein gesetzlicher Feiertag.

Khao Pansa Buddhistischer Feiertag, Beginn der Fastenzeit und der Regenzeitklausur der Mönche. Prozessionen mit Blumen und Kerzen in den Tempeln. Kein gesetzlicher Feiertag.

Buat Naag Ordination der Mönche, Buddhistischer Feiertag, kein gesetzlicher Feiertag. Traditionsgemäß sollte jeder männliche Thai möglichst vor der Heirat einige Zeit in den Mönchsorden eintreten. Inzwischen ist es nicht mehr so wichtig, wann das passiert oder für wie lange, dennoch ist das häufig ein wichtiger und gefeierter Schritt.

Phuket/Taku Pa: **Por Tor,** Fest der hungrigen Geister der thai-chinesischen Bevölkerung. An dem Tag öffnet der Höllenvater die Tore, damit die hungrigen Geister zu ihren Familien zurückkehren können und diese mittels Opfergaben an sie etwas für ihr eigenes Karma tun können. Hauptsächlich im Familienkreis gefeiert. In Phuket bekannt sind die roten Schildkrötenkuchen, die mit Obst und Räucherstäbchen als Opfergabe gereicht werden.

August

12. August - Muttertag Geburtstag der ehemaligen Königin Sirkit, Landesweit, offizieller Feiertag. Man feiert die Königin Sirikit und ihre vielen wohltätigen Leistungen, die sie für ihr Volk bereits erbrachte. Sie wird als Landesmutter bezeichnet und seit 1950 der Muttertag in Thailand ins Leben gerufen wurde an ihrem Geburtstag gefeiert.

September

Sart Thai Erinnerung an die Verstorbenen, Buddhistischer Feiertag, kein offizieller Feiertag. Im thailändischen Buddhismus wird der Tod nicht nur als ein Teil des Lebenszyklus angesehen, man nimmt an, dass alle Verdienste verstorbener Familienmitglieder irgendwie den noch lebenden Angehörigen zugute kommen. An diesem Tag werden die Bilder der Verstorbenen zu Hause oder an Urnengräber gesäubert und mit frischen Blumengirlanden geschmückt, Kerzen und Räucherstäbchen entzündet und Gebetet.

Phuket/Phang Nga – **Loy Rüa** Fest der Seezigeuner. (Siehe Februar)

Chinese Vegetarian Festival Ende September/Anfang Oktober auf Phuket und in Taku Pa. Es dauert 9 Tage und dient der inneren Reinigung von Körper und Geist. Teilnehmer fasten und kleiden sich Weiß. Dabei wird über Scherben und Kohle gelaufen und manche stecken sich absichtlich scharfe Objekte in Körperteile und Wangen (obwohl das in Takua Pa nicht so ausgeprägt praktiziert wird wie in Phuket). Am letzten Tag Feuerwerk. Kein offizieller Feiertag.

Oktober

Ok Phansa Ende der dreimonatigen Regenzeitklausur, Buddhistischer Feiertag, kein gesetzlicher Feiertag.

23. Oktober – Chulalongkorn. Todestag des Königs Chulalongkorn (Rama V.), Gedenktag, kein gesetzlicher Feiertag.

November

Thot Kathin Spende von Roben an Mönche. Buddhistischer Feiertag, kein gesetzlicher Feiertag.

Loy Krathong – Lichterfest am Vollmondtag. Es wird der Göttin des Wassers (Mae Khinhkhe) gehuldigt und im ganzen Land auf den Flüssen und Seen Schiffchen mit Blumen, brennenden Kerzen und Opfergaben aufs Wasser gesetzt. Kein gesetzlicher Feiertag.

Dezember

5. Dezember – Vatertag – Geburtstag des vorherigen Königs, Bhumibol Adulyadei, gleichzeitig Nationalfeiertag. Offizieller Feiertag.

10. Dezember – Constitution Day, Wechsel zur konstitutionellen Monarchie. Offizieller Feiertag. Am 10. Dezember 1932 erhielt Thailand, das damals noch Siam hieß, die erste Verfassung. Damit gelang der Übergang von der absoluten Monarchie zu einer konstitutionellen, ohne Bürgerkrieg und Blutvergießen.

31. Dezember – Silvester, offizieller Feiertag.

Thailändisches Essen

Die thailändische Küche ist eine Mischung aus chinesischen, indischen und europäischen Einflüssen, die mit der Zeit zu einer eigenen Landesküche verschmolzen sind. Die thailändische Küche schmeckt fein und macht nicht dick. Es gibt viel Reis dazu – tatsächlich bedeutet der thailändische Ausdruck für „eine Mahlzeit einnehmen" wörtlich „Reis essen" ... aber es sind die Zugaben, die sie so schmackhaft machen.

Kaeng

Das sind verschiedene „Curry"-Gerichte. Sie enthalten jedoch kein Currypulver sondern werden mit einer Gewürzpaste als Basis zubereitet. Dazu werden Galgant oder Ingwer mit Kafir-Limettenblättern, frische Chilischoten und Garnelenpaste und mehr genommen und so lange im Mörser gestampft, bis die homogene Paste entstanden ist. Es gibt rote und grüne Kaeng-Gerichte mit verschiedenen Fleischarten oder Fisch oder Tofu.

Tom Kha Kai

Hühnersuppe mit Kokosmilch, scharf-süßlich, mit Galgant, Zitronengras, Chili und Kokosmilch – was das etwas abmildert.

Auch dies ist eigentlich ein Kaeng Gericht. Definitiv ein Lieblingsessen, das auch nicht ganz so scharf genossen werden kann und statt Huhn Meeresfrüchte enthalten kann sowie je nach Koch verschiedene Gemüse.

Tom Yam

Scharf-saure Garnelen-Suppe: Würzig und scharf. Mit Fischsauce, Schalotten, Zitronengras, Limonensaft, Galgant, Tamarinde und Chilis. Klassisch mit Garnelen, aber es gibt sie auch mit anderen Fisch- und Meeresfrüchten.

Som Tam

Papaya Salat (scharf). Eine Art Salat aus fein gehackten grünen (unreifen) Papayas, Zwiebeln, Tomaten, Limette. Langbohnen, gerösteten Erdnüssen, Salz, Palmzucker und Chili-schoten, gewürzt mit Fischsauce. Dazu gibt es Garnelen (getrocknete manchmal auch frische). Er ist üblicherweise sehr scharf (wirklich!) und etwas säuerlich.

Phat Thai

Nudeln mit Gemüse und Fleisch. Phat Thai gilt als Nationalgericht Thailands, ist ein Ein-Teller-Nudelgericht und vereint die vier Geschmacksrichtungen: scharf, sauer, salzig und süß. Es enthält getrocknete Chile, Limette, Fischsauce und Rohrzucker. Die Nudeln werden mit Ei, Tofu und kleinen, getrockneten Garnelen gebraten. Dazu gibt es Bohnensprossen, Schnittlauch und kleingehackte geröstete Erdnüsse ... oft auch separat zum individuellen Nachwürzen.

Phat Kaphrao

Ein Tellergericht mit Hackfleisch (je nachdem mit Schwein oder Huhn oder Rind, aber auch Garnele) mit indischen Basilikum – der schmeckt schärfer und aromatischer als der bei uns bekannte. Dazu Chili, Knoblauch und Sojasauce, alles im Wok gebraten und mit Reis serviert.

Satay Spiesse

Das Gericht stammt aus Indonesien und Malaysia. Es sind gegrillte Spießchen mit gewürztem Fleisch, das mit einer Sauce serviert wird. Das Fleisch kann Huhn, Rind, Schwein aber auch Fisch sein – die Gewürzmischung enthält Curcuma, was die typisch gelbe Farbe ergibt. Serviert wird es häufig mit einem Erdnusssaucen-Dip.

Tempura

In Teig frittiertes Gemüse und Garnelen. Das Gericht stammt aus Japan oder Indien ... jedenfalls auch Asien und verwendet verschiedene Gemüse (kleine Maiskolben, Zwiebelringe, Bohnen, Papaya-Stücke) oder auch Garnelen oder Fisch, der in leichtem Teig getunkt und dann frittiert wird.

Tintenfisch mit Pfeffer und Knoblauch-Sauce

Dieses Gericht gibt es in den einfachsten lokalen thailändischen Restaurants. Es besteht aus verschiedenem Fleisch oder auch Fisch oder Tintenfisch mit einer Sauce aus viel dunkel geröstetem Knoblauch und Pfeffer, dazu wird Reis serviert.

Tischsitten

Die thailändische Einstellung zum Essen ist einfach: Wenn man Hunger hat, dann wird gegessen. Unsere drei Hauptmahlzeiten gibt es in Thailand eigentlich nicht, die meisten Thailänder essen wenig, dafür aber häufig. Zwar nimmt man durchaus Frühstück, Mittag-und Abendessen ein, dazwischen aber auch jederzeit eine Schale Nudeln, einen gebratenen Snack oder eine Süßspeise. Essen ist einfach ein Genuss.

Ursprünglich wurde thailändisches Essen mit den Fingern gegessen – was in manchen Regionen und bei manchen Gerichten noch heute der Fall ist. Ansonsten benutzt man heute **Gabel und Löffel.** Messer gibt es meist keine und sie sind auch unnötig, da das Essen vom Koch bereits in Mundgerechte Stücke zerkleinert wurde. Die Gabel wird benutzt um etwas auf den Löffel zu schieben – der Löffel geht dann zum Mund, da es unfein wäre die Gabel direkt zum Mund zu führen. Essstäbchen gehören nicht zur eigentlichen thailändischen Küche und werden nur in chinesischen Restaurants oder zum Essen chinesischer und vietnamesischer Nudel-Gerichte benutzt. Dann hält man den Löffel in der Linken Hand und die Essstäbchen in der rechten.

Toiletten

Während die Toiletten die man in den Hotels findet, praktisch ausschließlich Sitztoiletten im westlichen Stil sind ... die außerhalb sind es meist nicht. Man wird deshalb in Restaurants, in Tankstellen, Shops oder in kleineren Unterkünften die für Asien klassischen Plumps-klos antreffen. Und kein Toilettenpapier.

Keine Panik, man wird trotzdem sauber – die Thailänder benutzen einfach ein anderes System. Als Anfänger empfiehlt es sich bei Plumpsklos (damit kein Unfall passiert) unterhalb der Hüfte komplett frei zu machen. Mit etwas Übung kann man später die Hose / den Rock / die Unterhose anbehalten und einfach weit hinunterstreifen, aber zu Anfang ist es wirklich besser. Dann kauert man sich über das Loch (Blickrichtung Türe, Knie zeigen zur Decke). Physiologisch gesehen ist es sogar die bessere Variante als Sitzen, auch wenn es für uns sehr ungewohnt ist.

Nach dem Geschäft wäscht man sich: mit der (linken!) Hand und Wasser. Das Wasser dazu gibt es entweder im Schlauch oder im Eimer mit einer Schöpfkelle. Mit der rechten Hand schöpft/spritzt man das Wasser, mit der linken reinigt man sich dabei gründlich – Frauen am besten "hinten herum". Männer können da theoretisch wählen. Vorausgesetzt man benutzt genug Wasser ist das auch keine grausige Angelegenheit. Danach spült man mit genug Wasser Reste in der Toilette nach unten.

Falls Toilettenpapier da ist – oder man mitgebracht hat – kann man sich damit abtrocknen. Die Toiletten sind aber nicht dafür ausgelegt, dass man Papier hinunterspült: dafür hat es Abfalleimer, wo man es entsorgen kann. Ein bis zwei Blätter gehen zwar meistens mit runter, aber mehr sollten es wirklich nicht sein.

Danach gründlich die Hände waschen und sich wieder anziehen – das war's.

Elektrizität

Thailand benutzt Steckdosen (und Stecker) der Typen A, B. C. Ältere Steckdosen sind vom Typ A, moderne Steckdosen sind eine Kombination der Typen B und C. Sie können die amerikanischen Steckertypen A und B und den **Euroflachstecker C** aufnehmen.

Das bedeutet, man **kann bei den neueren Anlagen auch ohne Adapter seine (zweipoligen) Stecker aus der Schweiz oder Deutschland verwenden.**

Die Netzspannung in Deutschland, Österreich und der Schweiz beträgt 230 Volt ± 23 Volt. Trotzdem kann man unsere elektrischen Geräte problemlos in Thailand nutzen, denn die Abweichung liegt noch im Toleranzbereich. Auf den Ladegeräten von Notebooks, Tablets, Smartphones, Kameras, etc. steht meistens INPUT: 100–240 Volt, 50/60 Hz. Das heißt, diese Geräte kann man weltweit in dem angegebenen Netzspannungsbereich nutzen.

Zu erwähnen sind hier die **unzähligen Kabel**, die einem leider auch auf Bildern immer vor den schönsten Motiven hängen.

Im Gegensatz zu Europa, wo die Stromversorgung von Häusern weitestgehend unterirdisch erfolgt, verlegt man in Thailand die Elektrokabel überirdisch auf Masten. Jedes Haus scheint mindestens ein eigenes Kabel am Mast zu hängen haben. Um Kosten zu sparen dürfen Hauseigentümer Ihre Stromkabel in vielen Regionen selbst verlegen. So sieht man des Öfteren ganze Familien die in Teamwork von einer großen Kabeltrommel ein neues Stromkabel auf die vorhandenen Masten hängen. Sicherheit kommt hier zu kurz – und gelegentlich kommt es zu Unfällen, wenn ein Mast unter Strom steht. Auf dem Land kommt es immer wieder zu Stromausfällen, weil zu viel "gezogen" wird und das Netz überlastet.

für einmal die Profis an der Arbeit

Telefonieren

Thailand ist was Handys angeht kein Drittweltland. Man sieht viele Thailänder mit den neusten Modellen und Verbindung hat man auch so gut wie überall. Einzige Ausnahme hier ist inmitten des Khao Sok Nationalparks am äußeren Ende des Cheow Lan Lakes oder draussen auf dem Meer bei einem Tauchausflug.

Für Europäer, insbesondere Deutsche und Schweizer ist es jedoch keine gute Idee mit der heimischen SIM-Karte (die auch hier funktioniert) zu telefonieren oder ins Internet zu gehen, da man so wegen der teuren Roamingpreise rasch hohe Rechnungen anhäuft. Da helfen auch die sogenannten Flatrates nicht viel. Einmal mit meinem iPhone etwas auf Facebook und google nachgeschaut ... und ich hatte nach 5 Minuten eine Meldung, dass mein Guthaben für den Monat aufgebraucht war.

Am besten legt man sich gleich nach Ankunft in Thailand eine **thailändische SIM-Karte** zu. Am Flughafen Phuket, kurz vor dem Ausgang auf der rechten Seite findet man alle Provider (one2call, oder True Move oder DTAC). Gegen Pass-Vorlage (Kopie mitnehmen) bekommt man eine Karte und sie auch gleich aufgeladen. Es gibt spezielle Tarife für Urlauber. Diese Tourist SIM Karten haben nur 90 Tage Gültigkeit und verfallen dann.

Zur Nutzung wird die Karte einfach in das Handy gelegt und über die auf der Verpackung der Karte angegebenen Rufnummer aktiviert. Anschließend wird ein Guthaben auf die Karte geladen: das kann man in allen 7-Eleven Shops kaufen (oder alternativ online aufladen). Generell geht Aufladen im 7-Eleven -das heißt da "Top up". Ansonsten gibt es sehr viele Handy-shops in Khao Lak, wo man die Karte ebenfalls laden lassen kann.

Über TOT Corporation mittlerweile 151 Länder erreichbar. Über die **Einwahl 008** sind beim Telefon-Festnetzanbieter TOT Corporation mittlerweile 151 Länder erreichbar, so auch Deutschland, Österreich und die Schweiz. Warum allerdings eine Gesprächsminute in diese drei Länder unterschiedlich berechnet wird, weiß wohl nur die TOT. Eine Minute nach Deutschland kostet 7 Baht, nach Österreich 24 Baht und in die Schweiz 18 Baht. Nach der 008 muß die Ländervorwahl (für Deutschland 49, für Österreich 43 und für die Schweiz 41) gewählt werden, dann der Städte- oder Bezirk-Code (ohne die 0) und schließlich die Rufnummer des Teilnehmers. Eine störungsfreie und bessere Verbindung verspricht die TOT bei der Einwahl 007. Die Gesprächsminute kostet 9 Baht für Deutschland, 24 Baht für Österreich und 21 Baht für die Schweiz.

Also so: 007 49 und Ortsvorwahl ohne die Null etc. / oder für die Schweiz 007 41 ...

Beispiel für die Schweiz (Vorwahl +41), Basel (Vorwahl 061): 007 41 61 XXX XX XX)

Internet

Es gibt Internetcafés, auch in Khao Lak, aber die Computer leiden unter der hohen Luftfeuchtigkeit und müssen häufiger ersetzt werden, was das minim teurer macht als anderswo. Außerdem sind diese öffentlichen Computer gelegentlich quälend langsam. In den Hotels gibt es oft Computer, die man benutzen kann um ins Internet zu gehen, oder sie bieten Wifi an.

Zugang zum WLAN ist inzwischen in den meisten Hotels vorhanden und oft gratis für Gäste – wobei man da einen Zugang an der Rezeption beantragen muss in Form eines Passwortes. Dafür kann man dann sogar noch am Strand im Net surfen.

Geld wechseln

Man braucht nicht von zu Hause Geld mitzunehmen – das lässt sich einfach in Thailand bekommen. **Wechselstuben** hat es schon am Flugplatz in Phuket, wobei die einen schlechteren Kurs anbieten, als außerhalb.

So ziemlich **alle Banken Thailands** haben inzwischen in Khao Lak einen Ableger und Schalter, die meisten im Zentrum (La On), nur die TMB in Bang Niang.

Neben dem Schalter haben sie auch **ATM Maschinen**, wo man mit Visa-, Master- und Eurocheque-Karten Geld abheben kann. Die TBank (orange) hat angeblich die besten Wechselkonditionen, aber vergleichen lohnt sich.

Die ATMs geben 1000 Baht-Noten heraus und man hat in Khao Lak die Möglichkeit die Sprache auf englisch einzustellen – was sinnvoll ist, da thailändisch etwas schwierig zu lesen ist. Eine Eigenart haben sie aber im Gegensatz zu denen zu Hause: Nachdem man ausgesucht hat, wie viel Geld man abhebt, spuckt die Maschine dieses aus, DANN kommt die Frage betreffend Quittung und DANN kommt die Karte heraus. Das hat bei uns schon dazu geführt, dass wir ohne Karte gegangen sind. Zu früh halt. Zum Glück war das sehr früh morgens und der Automat zieht die Karte nach etwa einer Minute wieder ein. Mit etwas lokaler Hilfe haben wir sie sogar von der Bank zurückerhalten, ansonsten hilft nur sperren lassen.

Hotels wechseln auch Geld, aber meist zu einem schlechteren Kurs – dafür haben sie nach 21 Uhr noch offen.

Handeln

Außer in Läden wo die Preise festgelegt sind (wie dem 7-Eleven: sieht man an den Preisschildern auf der Packung), wird in Thailand erwartet, dass man den Preis verhandelt. Das gilt vor allem für die Märkte, aber auch für einen Großteil der Souvenirshops, sowie für Schneider. Das ist eine Kunst, aber wenn man es mit einem Lächeln macht ist es wesentlich angenehmer und man hat normalerweise mehr Erfolg.

Man sollte immer erst den Preis für *ein* Stück verhandeln … und dann handelt man es weiter runter, wenn man mehrere davon nimmt. Man sei vorbereitet: der Verkäufer kann durchaus einen Anfangspreis nennen, der bis zu fünf Mal höher liegt als was üblich ist – vor allem, wenn er einen unerfahrenen Einkäufer vermutet. Wenn gefragt wird, in was für einem Hotel man ist, sollte man je nachdem auch angeben, dass man bei einem Freund vor Ort nächtigt und schon seit Wochen hier ist – dann erwarten sie eher, dass man über die „normale" Preise Bescheid weiß. Man schaue das Stück das man erwerben will sorgfältig an und wenn man einen Fehler findet, sollte man darauf hinweisen (das tut dem gegenseitigen Respekt hier keinen Abbruch). Dann mache man mutig ein erstes Gegenangebot in Höhe von einem Fünftel oder Viertel des Preises, das genannt wurde und dann (nachdem das Gegenüber aufgehört hat auf und abzuspringen und die Augen zu rollen) können die wirklichen Preisverhandlungen mit einem Lächeln beginnen. Nicht vergessen: das ist alles ein Spiel!

Außer man will das Teil wirklich, *wirklich*, sollte man aber nicht über die Hälfte des von ihnen zuerst gebotenen Preises gehen (und das ist häufig schon mehr als was man zahlen „sollte"). Was man nicht machen sollte, ist einfach davonlaufen, wenn das eigene Angebot akzeptiert wird. Das wären schlechte Manieren.

Trinkgeld

Trinkgeld wird in Thailand nicht generell erwartet. Ausnahmen sind höhere Restaurantrechnungen: Wenn man eine Rechnung von 376 Baht hat und mit 400 Baht bezahlt, lässt man bei Gefallen am Essen und Service das Wechselgeld liegen. In Hotels oder Luxusrestaurants wird meist eine Servicecharge von 10 % schon auf die Rechnung aufgeschlagen, Trinkgeld wird hier nicht erwartet. Viele Restaurants oder Touren-Anbieter haben auch eine „Tipp Box" aufgestellt, wo das Trinkgeld unter allen Angestellten aufgeteilt wird.

Das Trinkgeld sollte immer zur Relation des Betrages stehen. Wenn ich nur für 75 Baht eine Kleinigkeit esse, sollte ich keine 20 Baht Trinkgeld geben (das wären über 30%!).

Dem Zimmermädchen im Hotelzimmer gibt man pro Woche 200 bis 300 Baht Trinkgeld - und erhält den besten Service.

Gesundheit

Es lohnt sich, vor einer Reise die Apotheke aufzusuchen um sich über Risiken und Reiseapotheke beraten zu lassen und sich auf Seiten wie www.safetravel.ch zu informieren.

Reiseapotheke

Auch wenn man viele Medikamente in den Apotheken in Thailand rezeptfrei kaufen kann, empfiehlt es sich doch immer etwas dabei zu haben. Die Medikamente, die man ständig nehmen muss, sollten auf keinen Fall fehlen und in ausreichender Menge eingepackt werden, damit sie für den ganzen Aufenthalt reichen. Asien ist bekannt dafür, dass bis zu 30% der Medikamente auch in den Apotheken Fälschungen sein können – mit ungewisser Wirkung.

Mückenschutz (wie Sketolene) kann hier gekauft werden und es empfiehlt sich, es immer bei sich zu haben. Die hier bekannten „Balmen“ (wie Tigerbalsam) helfen übrigens nicht nur bei Muskelschmerzen, sondern auch bei Mückenstichen. Zur Grundausstattung sollte auch ein starkes Desinfektionsmittel, Verbandsmaterial für kleinere Verletzungen, Schmerztabletten und eventuell Fußpilzsalbe gehören. Mittel gegen Durchfall sind auch empfohlen – bei länger andauerndem Infekt empfiehlt es sich hier einen Arzt aufzusuchen, der gegebenfalls dann auch das richtige Antibiotikum verschreibt.

Impfempfehlungen

Die folgenden Impfungen sind für jedermann empfohlen:

Diphterie und Tetanus (Auffrischung alle 10 Jahre), Polio, Masern, Hepatitis A – alles die Grundimpfungen, die man auch so haben sollte.

Empfohlen für spezielle Situationen / Risikogruppen: z.B. durch Langzeitaufenthalte, Rucksack- und/oder Abenteuerreisen:

Hepatitis B: durch Blut oder Sex übertragen.

Tollwut: Übertragung durch Biss oder Speichel von Hunden, Katzen, Affen, Fledermäusen und Waldtieren. Kinder gelten als besonders gefährdet.

Typhus: durch infiziertes Wasser/Lebensmittel übertragen.

Japanische Enzephalitis: durch Mücken übertragen

Nicht nötig für Thailand:

FSME, Gelbfieber (nur bei Einreise aus Gelbfiebergebiet), Meningokokken …

Dies dient nur zur Information und ersetzt nicht das Beratungsgespräch beim Arzt oder in der Apotheke!

Nang Thong Beach in Khao Lak

Gesundheitliche Risiken

Khao Lak mit seinem feucht-warmen Klima birgt ein paar gesundheitliche Risiken, die man bei uns nicht so kennt. In Kürze:

Sonnenschutz ist hier wegen der Äquatornähe besonders wichtig. Ein Sonnenbrand ist nicht nur akut unangenehm, sondern kann Folgeschäden haben – es fördert die Entstehung von Hautkrebs.

Bei den Thailändern ist es bis heute noch so, dass weiße Haut ein Schönheitsideal ist ... und sie verstehen den Bräunungswahn der Europäer überhaupt nicht. Sie selber schützen sich mit langärmeliger Kleidung, Hüten und Sonnenschirmen vor der Sonne und wenn man Körperpflegeprodukte kauft, sind bei den meisten hautbleichende Mittel drin (selbst im Deo).

Magen-Darm-Probleme: Wir hatten in ganz Thailand damit nie Probleme obwohl wir auch auf Nachtmärkten und Garküchen gegessen haben. Die häufigste Ursache für Magen-Darm-Beschwerden sind verdorbene, rohe oder unzureichend gekochte Lebensmittel. Problematisch sind **Melonen** (auch in Früchteshakes und Fruchtsalaten) wenn sie vorher angeschnitten lange herumgelegen sind. **Fleisch** sollte gut durchgebraten sein. **Meeresfrüchte:** wenn man den Fisch selber wählen kann, achte man darauf, dass die Augen klar und nicht eingefallen sind. Das Wasser, das in Khao Lak aus den Leitungen kommt ist kein Trinkwasser, geht aber zum Zähneputzen (auch wenn manche Hotels dafür extra Wasser bereitstellen).

Elefanten-Milben: Bei schlecht gepflegten, befallenen Elefanten können diese Milben auch auf Menschen übertragen werden. Deshalb sollte man nicht mit nackter Haut auf die Elefanten sitzen ... und vielleicht die Beine der Mahouts vorher ansehen. Die Milben verursachen Krätze-artige Symptome (Haut rot, juckend, schuppend, vor allem in den Falten), sind aber harmlos und sterben, da der Mensch ein Fehlwirt ist, bald ab. Die Haut nicht aufkratzen, da das zu Infektionen führen kann.

Mückenstiche und durch Mücken übertragene Krankheiten:

Vor allem in der Dämmerung, fallen sie über einen her, aber manche Arten stechen auch tagsüber. Starken Mückenschutz benutzen, eventuell auch lokale Produkte, wenn sie gegen unsere Mittel schon immun sind. Die Stiche sollte man nicht aufkratzen, da das zu Infektionen führt.

Chikungunya Fieber: im Süden Thailands auftretend, durch Mücken übertragene Viruskrankheit, Beschwerden: hohes Fieber mit Gelenkbeschwerden und Berührungsempfindlichkeit. Heilt nach ein bis zwei Wochen meist von selbst wieder ab, macht gelegentlich aber bleibende Gelenkbeschwerden.

Dengue Fieber: durch Mücken übertragene Virusinfektion. Unspezifische Beschwerden wie Kopf-Gelenk und Gliederschmerzen, Fieber, gelegentlich Hautausschlag. In manchen Fällen schwerer Verlauf mit Blutungskomplikationen und Entgleisung des Blutdrucks. Potentiell lebensbedrohlich und muss im Krankenhaus behandelt werden.

Malaria: das ist hier in Khao Lak dafür kein Problem. Eingeschleppte Fälle der durch Mücken übertragenen Krankheit kommen aus dem Norden Thailands.

Zika: Thailand gilt als Land, wo Übertragung des Virus durch Mücken sporadisch vorkommen kann, deshalb sollten Frauen, die schwanger sind, oder es gerade werden wollen vorher ihren Arzt konsultieren. Aus Khao Lak sind jedoch noch keine Fälle bekannt.

Tiere:

Hunde: freilaufende Hunde sollte man nicht füttern oder streicheln. In ihrem Fell können sich Hakenwürmer tummeln und über ihren Kot gelangen diese Hakenwürmer auch in Sand, weshalb man an Stränden mit Hunden besser nicht barfuß geht. Bei Hautkontakt dringen die winzigen Würmer in den Körper ein und wandern via Blutbahn in die Lunge, als Larve von dort durch aushusten und verschlucken in den Darm, wo der Wurm aus den Darmzotten Blut saugt. Wegen dem Blutverlust entstehen deshalb lange nach Rückkehr Blutmangel, Abgeschlagenheit, Depressionen und Bauchprobleme. Bei Verdacht sollte ein Arzt aufgesucht werden, der ein Wurmmittel verschreibt.

Affen: können (wie Hunde und Katzen) ziemlich übel beißen und die Wunden infizieren sich häufig. Ein Arztbesuch ist unbedingt erforderlich. Auch sollte man sich gegen Tetanus und vielleicht Tollwut impfen lassen (dafür hat man nur 24 Stunden Zeit). Tollwut kommt in Thailand vor, nicht nur bei Affen, auch bei Hunden und Katzen. Am besten ist es auf jeden Fall Kontakt zu meiden.

Quallen: hat es hier im Wasser noch gelegentlich. Die meisten sind so klein, dass man sie nicht sieht und nur spürt, wenn einen wieder mal eine gestochen hat. Das ist lästig, aber meist nicht gefährlich. Selten kommen aber auch hier giftige Quallen vor, wo die leichteste Berührung starke Schmerzen, Hautausschläge und sogar Narben hinterlassen kann. Portugiesische Galeere und Würfel-Quallen sind die gefährlichsten. Die sind aber sichtbar und man sollte sich fernhalten. Bei Kontakt hilft es hochprozentigen Essig darüber zu schütten (den sollte man von zu Hause mitnehmen, das bekommt man hier nicht), mit Wasser abwaschen und zum Arzt gehen, wenn keine Besserung eintritt. Thailänder nutzen zur Behandlung die grüne Rankenpflanze mit den violetten Blüten, die sich häufig am Strand findet und aus denen sie einen Brei zum aufstreichen machen.

Seeigelstacheln: Seeigel findet man vor allem an den (großen) Felsen im Wasser. Wer in so einen tritt, der hat die dünnen

Stachelspitzen schnell in der Fußsohle, wo sie abbrechen können und starke Schmerzen verursachen. Die Stacheln sollten entfernt werden – durch den Arzt, oder, wenn keiner erreichbar ist, kann man es mit einem Brei aus Papaya versuchen, dessen Enzym Papain die Haut über Nacht aufweicht.

Stachelrochen: wie gefährlich die sein können, weiß man spätestens seit Steve Irwin einem Stingray-Stich (in die Brust) erlegen ist. Stiche führen zu starken Schmerzen und Stiche in Bauch und Gesicht sind gefährlich. Vor allem am Pakarang Beach empfiehlt es sich deshalb nur mit entsprechender Vorsicht und Badeschuhen ins Wasser zu gehen. Schwimmen, Schnorcheln und Tauchen ist toll, aber grundsätzlich gilt hier wie überall: Im Meer sollte nichts angefasst werden. Der Natur und auch sich selber zuliebe.

Süßwasser: In Seen und Tümpeln können Saugwürmer leben (Shistosomen), die Bilharziose verursachen. Sie gelangen durch menschliche Fäkalien ins Wasser. Ein juckender Hautausschlag an der Stelle, wo die Larven durch die Haut eintreten, eine akute fieberhafte Erkrankung, eventuell Organ-Befall, was gefährlich werden kann. Der Arzt sollte bei Beschwerden aufgesucht werden, die Prognosen sind bei frühzeitiger Behandlung gut.

Das hört sich jetzt alles etwas beunruhigend an, aber tatsächlich ist es so, dass wir in all den Jahren bis auf die kleinen ungefährlichen Quallen im Meer und Mücken am Abend keine Erfahrungen mit den ganzen Gesundheitsgefahren machen mussten. Wir haben fast überall gegessen, waren in vielen Wasserstellen baden (fließend und stehend), schnorcheln und tauchen ohne Folgeschäden. Aufmerksamkeit ist immer wichtig; dass man sich vor Tieren fernhält, dort isst, wo auch die Thailänder essen gehen und sich vor Mücken schützt – dann kann nicht viel passieren.

Ärzte / Zahnärzte

Wer in Khao Lak krank wird, hat diverse Ärzte zur Auswahl, die teilweise auch Hotelbesuche machen. Wie in vielen Kleinstädten hat es Erste-Hilfe-Stationen und kleine Kliniken. Die Ausrüstung und hygienischen Verhältnisse sind allerdings nicht auf europäischem Standard und als Tourist wird man deshalb rasch in größere Krankenhäuser gebracht, wie in Takua Pa, oder Phuket, wo es einige Krankenhäuser hat, die auch sehr gut ausgerüstet sind.

Ärzte/Kliniken

Dr. Chusak ist Kinderarzt und Allgemeinmediziner, er ist tagsüber im Takua Pa Krankenhaus tätig und behandelt in seiner kleinen Klinik in Khao Lak auch erwachsene Patienten. Er macht Hausbesuche – er ist der Arzt, den wir auf Ko Kho Khao einmal brauchten. Ort: Ban La On gegenüber dem Jai Restaurant. Sprechzeiten: 17.30 – 20.30 Uhr Tel +66 76 48 57 38 oder +66 81 9689701

Frau **Dr. Amaornut** hat eine Klinik in Bang Niang an der Hauptstraße 4 zwischen Tonys Lodge und dem Motive Cottage Resort. Ihre Klinik ist täglich geöffnet zwischen 15 und 20.30 Uhr. Ihre Preise sind sehr günstig. Tel: +66 83 647 7053

Dr. Seree, der noch in manchen Führern erwähnt wird ist nun

pensioniert und lebt in Takua Pa.

Clinik Dr Sumet in Bang Niang mit Öffnungszeiten von Mi-Do 10.30-16.30 Uhr und Fr-Sa: 13-20 Uhr. +66 86 946 7638.

Inter Clinic: Bang Niang Beach Road. Öffnungszeiten 9-21 Uhr täglich Tel +66 76 48 65 51 und +66 87 628 35 77

Takuapa Hospital: 39/2 Moo 1 T. Bang Naisri, Takua Pa, Tel +66 79 431 488

Krankenwagen in Bang Niang: **1719**
Wer auf der Straße sonst verunfallt (zum Beispiel als Motoradfahrer) wird von oft privaten Krankenwagen aufgelesen (wie die der Rescue Khao Lak) und ins Spital gebracht. In sehr abgelegenen Gegenden laden einen wahrscheinlich ein paar hilfsbereite Thailänder hinten aufs Auto und bringen einen hin.

Dekompressionskammern: Die braucht man bei Tauchunfällen, wenn man zu schnell aufgestiegen ist. In Khao Lak ist es anscheinend Dank fürsorglicher Tauch-Guides noch nie zu einem schwerwiegenden Tauchunfall gekommen und es hat eine Erste Hilfe Station in Khuk Khak, aber die nächste Dekompressionskammer (mit mehreren Plätzen) befindet sich auf Phuket: im Phuket International Hospital in Phuket Town.
SSS Network / Khao Lak, Khuk Khak, Öffnungszeiten: 09.00 - 18.00 Uhr 24-Std. Notruf: +66 62 83 1941 oder +66 98 71 4302

Zahnärzte in Khao Lak

Dental Home 21/20 Moo 7, Petchkasem Road Tel.: +66 76 485895

Dental Clinic 5/55 Moo 7, Petchkasem Road (im Book Tree Komplex) Tel.: +66 88 7539868 und +66 83 5472091

Medizinische Behandlungen sind in Thailand meist günstiger als in Europa, weshalb sich in manchen Bereichen ein wahrer Gesundheitstourismus entwickelt hat. Schönheitschirurgie zum Beispiel und Zahnärztliche Behandlungen. Viele Zahnärzte auf Phuket haben sich auf ausländische Patienten eingestellt, sprechen englisch und haben internationalen Standard.

Apotheken

Khao Lak hat viele Apotheken, die meisten in Bang La On, aber auch in Bang Niang. In den Apotheken, die von Einheimischen und Touristen besucht werden, kann man sich über die Gesundheit beraten lassen und bekommt die meisten Medikamente, die man in Europa auch bekommt – ein paar mit anderen Namen / Verpackungen und noch einige mehr, die bei uns zu Hause rezeptpflichtig sind. Antibiotika gegen Blasenentzündungen zum Beispiel. Die werden dann häufig nicht in der Packung, sondern in einem kleinen Plastiksäcklein abgegeben, wo nur die Medikamentenbezeichnung und die Dosierung drauf geschrieben wird. Packungsbeilagen fehlen meist völlig.

Khao Lak Rescue

Khao Lak Rescue ist eine Erste-Hilfe Organisation, die bei Unfällen oder anderen Vorfällen wie Tierrettungen und Schlangenentfernung Hilfe bietet. Im Gegensatz zu Europa gibt es in Thailand keine Gesetze die vorschreiben, dass man als Passant erste Hilfe leisten muss und es gibt hier auch keine staatlich unterstützten Hilfsdienste. Statt dessen sind sie privat gesponsert und oft ist das eine Freiwilligenarbeit, die auf Einnahmen und Spenden angewiesen ist. Viele der Freiwilligen wurden im Ausland ausgebildet, so wie Stefan Friedrich aus Deutschland, oder Tom, der aus der Schweiz kommt und saisonal hier arbeitet. Alle etwa 15 der hier arbeitenden haben Vollzeit-jobs in oft unabhängigen Sparten, vom Kranführer bis Hotelangestellten, wurden aber im Spital in Erster Hilfe unterrichtet und von der Polizei im Umgang mit dem Verkehr ausgebildet. Bei einem Unfall sind sie oft zuerst vor Ort. Bei Schwerverletzten rufen sie die Ambulanz des Spitals in Takua Pa als Unterstützung. Der Arzt bleibt in Thailand aber im Spital und kommt nicht mit der Ambulanz. Dafür sind Transporte ins Spital grundsätzlich gratis. Spenden (Material oder Geld) sind immer willkommen.

Ort: Die Station liegt in Khuk Khak gegenüber der Einfahrt zum JW Marriott. Telefon (für Notfälle) **1669** oder +66 83 176 5873 (Deutsch/Englisch)

Strassenverkehr in Thailand - Tipps

Ich sage zu Autofahren in Thailand immer: das ist wie Botschautofahren und versuchen, den anderen *nicht* zu treffen. Dasselbe gilt für Motorradfahren – Thailands Zentren und speziell Khao Lak sind kein guter Platz um das erst zu lernen.

Es gilt **Linksverkehr** – die Autos haben das Steuer rechts. Wer das nicht kennt, sollte sich vielleicht einen Kleber („links fahren“) aufs Steuerrad kleben – wobei das Problem, sich daran zu erinnern eher auf unbelebten Straßen auftritt... und die hat man in Thailand eher selten.

Rechne jederzeit mit allem: andere Verkehrsteilnehmer verhalten sich oft unberechenbar, wechseln Spuren ohne zu schauen oder zu blinken, überfahren rote Ampeln, bleiben auf einmal stehen oder fahren abrupt vom Straßenrand los, nachts sind viele ohne irgendein funktionierendes Licht unterwegs und kommen dir (deshalb?) auf deiner Seite entgegen. Sei aufmerksam und bremsbereit, speziell bei Kreuzungen und Seitenstraßen-Einfahrten.

Der Pannenstreifen neben der Straße wird häufig benutzt: einerseits von Motorrad- und Fahrradfahrern, sowie von den kleinen, fahrenden Shops, die für die normale Straße einfach zu langsam sind, als auch für Autos zum ausweichen, wenn rechts jemand am Mittelstreifen steht zum abbiegen.

Rote Ampeln gibt es auch in Thailand – auf dem Weg vom Flugplatz in Phuket kommt man außerdem an zwei Ampeln mit Countdown vorbei, die die Sekunden bis zur nächsten Phase (grün oder rot) anzeigen. An den meisten Ampeln gilt, dass Linksabbiegen erlaubt ist, wenn es frei ist ... selbst wenn sie rot sind. Aber auch sonst halten sich die Thailänder nicht zwingend daran bei Rot anzuhalten und fahren wenn nichts kommt oder auch noch, wenn sie gerade umgestellt hat.

U-Turns: Eine unten auf Phuket und in Phang Nga ungeschickt gelöste Sache (finde ich) sind die U-Turns, die anstatt Ampeln bevorzugt werden. Das Problem ist, dass die Straßen oft auf längere Distanzen mit einem Grünstreifen in der Mitte richtungsgetrennt sind ... und wenn eine Straße abgeht, dann kommt man oft nur via diese Stellen (angezeichnet und weit auseinanderliegend) hin. Vorsicht, weil da Fahrzeuge stehen können (und das meist mitten auf der Straße) und manche nicht warten können und einfach abbiegen. Zum Glück ist das oben in Khao Lak nicht so häufig.

Überholmanöver – langsamere Fahrzeuge werden überholt, auch wenn es nicht sicher ist. Überholt wird rechts oder links und teils auf die Spur des Gegenverkehrs, der dann ausweichen muss. Es muss also immer damit gerechnet werden, dass einem plötzlich ein Auto oder ein Van frontal auf der eigenen Spur entgegenkommen. Speziell vor Kuppen ist es gut, da ganz links zu fahren, auch weil in Thailand oft die Kurven geschnitten werden – gut gibt es meist den Pannenstreifen.

Vorfahrt: es gelten eigentlich die gleichen Regeln wie bei uns ... viele halten sich nur nicht daran. Speziell gilt, dass größere Autos sich die Vorfahrt häufig einfach nehmen und wo es Lücken gibt, schiebt sich sicher jemand herein. Entsprechend skrupellos muss man selber werden, weil man sonst beim Abbiegen in den Gegenverkehr kaum hineinkommt.

Für Motorradfahrer gilt: Trage einen Helm. Ja – Du wirst viele Leute (auch Einheimische) ohne Helm fahren sehen und es ist heiß, aber ... das ist nicht nur wichtiger Schutz für Dich im nicht ganz ungefährlichen Straßenverkehr, sondern auch gesetzlich vorgeschrieben. Auch wenn die Polizei nicht ganz so interessiert an den Touristen scheint, an den Polizeistationen und Kontrollstellen schauen sie das an und verteilen Bussen – da sieht man dann auch so manchen Thailänder auf einmal einen Helm hervorholen und anziehen. Dasselbe gilt übrigens für den Sicherheitsgurt beim Auto.

An den **Polizei Checkpoints** wird kontrolliert: Führerschein, gültige Versicherung, Helm, Gurt – Außerhalb interessiert sich die Polizei wenig für den Verkehr. Autofahrer werden weniger kontrolliert als Motorradfahrer ... außer zu den gefährlichen Tagen zwischen Weihnachten und Neujahr und um Songkran herum, wo an den Feiertagen Alkohol getrunken und gefahren wird und die Zahl der Unfälle und Verkehrstoten in die Höhe schießt – diese Zeit wird auch „the 7 Days of Danger“ genannt.

Strafen hat man sofort zu zahlen an der Polizeistation oder an provisorischen Kassenstationen. Man bekommt dafür einen Beleg – mit dem man lustigerweise während den nächsten 24 Stunden immun für dasselbe Vergehen ist. Das bedeutet, man muss nicht noch einmal bezahlen, auch wenn man immer noch keinen Helm anhat ...

Alkohol am Steuer: In Thailand gilt wie bei uns eine Promillegrenze von 0,5. Kontrolliert wird eher selten, aber wer erwischt wird hat mit unangenehmen Folgen zu rechnen: Gefängnis in einer Massenzelle und teure Kaution von 20'000 Baht, damit man wieder rauskommt. In einer Gerichtsverhandlung wird dann die Strafe festgelegt, die zwischen 2'000 bis 10'000 Baht sein kann. Und wenn man an einen korrupten Polizisten gerät kann das durchaus noch einiges teurer werden.

Tankstellen haben nicht 24 Stunden geöffnet: die meisten schließen nach 20 Uhr. An der Tankstelle tankt man nicht selber, sondern man nennt dem Personal einfach die gewünschte Mischung: Diesel, 91er (Normal) oder 95er (Super) und entweder „Full“ oder den Betrag, für den man tanken will. Was in den Tank gehört sagt der Vermieter oder es steht auf dem Tankdeckel.

Straßenkarten bekommt man an den Mietstationen (wenn überhaupt) oft nur sehr grobe mit. Ich würde trotzdem immer fragen, was sie haben. Im 7-Eleven gibt es eine detaillierte Straßenkarte Südthailand zu kaufen, die gut ist. Google Maps hilft sehr, Apps wie Scout, die ich anderswo erfolgreich benutzt habe sind teilweise noch zu ungenau mit Kartenmaterial versorgt. Wer kann nimmt ein Navigationsgerät mit aktuellen Karten von zu Hause mit ... oder mietet das mit dem Auto.

Stoppschild - auch in Thailand erkennbar

Notrufnummern:

Feuerwehr 199

Polizei 191 oder 1155

Tourist Police 1699

Was tun bei einem Unfall?

Man hört gelegentlich Horrorgeschichten, was nach einem Unfall in Thailand alles passieren kann. Oft mit der Grundlage, dass der Tourist, egal was passiert ist Schuld ist, denn: „Wenn der Tourist nicht da gewesen wäre, dann wäre der Unfall auch nicht passiert." Das ist heute nicht mehr zwingend so, aber es ist gut, wenn man sich thailändisch sprechende Hilfe holt (zum Beispiel von der Mietstation oder der Tourist Police), um die Sache zu klären.

Vorgehen:

- Fahrzeuge stehen lassen bis die Polizei eintrifft. (Es kann gut sein, dass der andere Unfallteilnehmer Unfallflucht beginnt – ein Foto von Auto oder Motorrad mit Nummer ist da hilfreich).
- Warndreiecke gibt es keine ... ein paar auf die Straße gelegte Äste dienen dem selben Zweck. Also: Vorsicht, wenn man die sieht, oft liegen sie aber auch ziemlich unmittelbar hinter dem Fahrzeug!
- Den Vermieter des Autos anrufen, die schicken einen Schadensregulierer der Versicherung vorbei.
- Ruhig bleiben und warten.
- Der Vermieter stellt in der Regel einen Ersatzwagen.

Bei Motorrädern muss (wegen fehlender Versicherung) vor Ort ausgehandelt werden, wer wie viel zahlt ... das bleibt meist am Mieter hängen. Oft ist es günstiger das selber reparieren zu lassen weil der Vermieter sonst seinen eigenen (ev. überhöhten) Preis dafür verlangt.

Einreise / Ausreise

Bei Aufenthalten in Thailand von einer Dauer **bis 30 Tagen** ist für deutsche, Schweizer und österreichische Staatsangehörige **kein Visum** erforderlich. Voraussetzung dafür ist ein gültiger Reisepass, dessen verbleibende Gültigkeitsdauer bei Einreise mindestens *sechs Monate* betragen muss und ein bestätigtes Weiter- oder Rückreiseticket. Diese Aufenthaltsberechtigung kann nicht verlängert werden. Die Einreise von Kindern ist nur mit eigenem Reisepass ohne Probleme möglich.

Wenn man beabsichtigt **länger als 30 Tage** in Thailand zu bleiben, bedarf man vor der Einreise eines von einer thailändischen Auslandsvertretung ausgestellten Visums. Für Aufenthalte bis zu 60 Tagen wird ein "**Tourist Visa**" benötigt. Ein "**non immigrant visa**" berechtigt zu einem Aufenthalt von maximal 90 Tagen. Touristen und Non-Immigrant Visa werden in der Praxis um 30 Tage verlängert.

Ein Visum kann und darf nur bei dem thailändischen Bureau of Immigration bzw. an den Grenzübergängen erneuert werden. Der nächste Grenzübergang für einen "Visa-Run" wäre oben in Ranong. Örtliche Reisebüros verkaufen öfters gefälschte Dokumente, die bei der Ausreise zu Problemen führen.

Näheres zu den Einreisebestimmungen für Thailand kann auch der Website www.imm.police.go.th entnommen werden.

Zollvorschriften

1. Devisen

Ausländische Besucher können Fremdwährungsbeträge in unbegrenzter Höhe ein- und wieder ausführen (Beträge ab 20'000 $ sollte man trotzdem deklarieren). Die Landeswährung "Baht" kann unbegrenzt eingeführt, jedoch nur bis zu einer Höhe von 20.000 Baht pro Person ohne vorherige Genehmigung ausgeführt werden. Vorsicht ist geboten vor in Umlauf befindlichem Falschgeld. Es wird empfohlen, Geld nur in autorisierten Wechselstuben zu tauschen.

2. Gefälschte Waren / Produktpiraterie

Der Kauf von gefälschten Markenartikeln wie Uhren, Computer, Software (auch Raubkopien von Filmen, Musik etc.) , Kleidung usw. sowie die Einfuhr nach Deutschland/Schweiz/Österreich ist aus urheberrechtlichen Gründen verboten. Gerade aus Thailand werden viele Fälschungen eingeführt. Dabei ist es unerheblich, ob dem Touristen bekannt ist, dass es eine Fälschung ist. Wer erwischt wird, kann entweder freiwillig auf die Einfuhr verzichten (worauf die Ware vernichtet wird) oder sie wird vom Zoll eingezogen und der Markeninhaber informiert, der eventuell rechtliche Schritte einleitet und den Käufer büßt.

3. Antiquitäten / Buddhastatuen

Die Ausfuhr und auch Import bestimmter Antiquitäten ist nur mit Genehmigung des Fine Arts Department des Nationalmuseums in Bangkok erlaubt. Ein seriöses Geschäft wird einem dies besorgen. Die Botschaft hält diesbezüglich ein Merkblatt mit weiteren Informationen bereit. Die Ausfuhr von Buddhafiguren, egal ob alt oder neu ist für Nichtbuddhisten verboten.

4. Souvenirs

Die Ausfuhr von bestimmten Lederprodukten (z.B. Elefant, Krokodil, Schlangen) und Elfenbein sowie deren Einfuhr nach Europa unterliegen dem Washingtoner Artenschutzabkommen. Es wird dringend empfohlen, sich darüber vor dem Kauf zu informieren. Für Thailand gibt es eine gute Liste der Tiere und Pflanzen, die grundsätzlich nicht mitgebracht werden dürfen hier

http://www.artenschutz-online.de (artenschutz im urlaub)

Auf der Liste sind unter anderem: Korallen, Krokodile, Schildkröten, Vogelspinnen, Riesenmuscheln, Elefanten, Skorpione, Schmetterlinge, Seepferdchen, Affen, Bären ... Und bei den Pflanzen: Aloe, Ginseng, Kakteen, Orchideen, Kannenpflanzen...

5. Spezielles

Verboten sind Obszöne Gegenstände oder Bilder sowie pornographisches Material. Verboten sind Waren mit einer thailändischen Flagge sowie gefälschte königliche oder Amtssiegel.

6. Lebensmittel / Medikamente / Tabak

Erlaubt: Zigaretten bis 200 Stück, Zigarren bis 50 Stück oder Tabak bis 250g, sowie bis 4 Liter Wein oder 1 Liter Spirituosen –

aber Schnaps mit mehr als 40% Alkohol ist in Thailand verboten und auch die Einfuhr wird bestraft. Bier darf anscheinend bis 16 Liter mitgenommen werden.

Die Einfuhr von Fleischprodukten oder Wurstwaren ist seit der BSE-Krise strikt verboten. Wer Medikamente, Lebensmittel oder Nahrungsergänzungsmittel einführen will, braucht eine Erlaubnis der thailändischen Food and Drug Administration. Medikamente für den Eigengebrauch sind für eine Dauer von 30 Tagen im Normalfall erlaubt, Vorsicht ist aber geboten bei starken Schmerzmitteln und anderen Medikamenten die unter das Betäubungsmittelgesetz fallen. Die Einfuhr aller Arten von Betäubungsmitteln ist verboten.

Die Freimenge für zollfreie Waren bei der Rückkehr nach Europa liegt bei 430 Euro.

Adressen Botschaften und Konsulate

Botschaft der Bundesrepublik Deutschland, Bangkok

9 South Sathorn Road, Bangkok 10120. Telefon: +66 22 87 9000 Postadresse: Embassy of the Federal Republic of Germany, G.P.O. Box 2595, Bangkok 10500, Thailand. info@german-embassy.or.th Internet: www.german-embassy.or.th

Vertrauensmann der Deutschen Botschaft in Phuket

100/425 Moo 3, Chalermprakiat R.9 Rd., Bypass Road North, Rassada, Phuket 83000 Thailand Tel.: + 66 76 354119, +66 96 683635 info@deutscheskonsulatphuket.com

Botschaft der Schweizerischen Eidgenossenschaft, Bankok

35 North Wireless Road Bangkok 10330, Tel: +66 22 53 0156

Notfallnummer außerhalb Geschäftszeit: +66 18 22 4921 (bis 18.00 Uhr), Postadresse Embassy of Switzerland G.P.O. Box 821

TH-Bangkok 10501, vertretung@ban.rep.admin.ch

Botschaft der Republik Österreich, Bangkok

14, Soi Nantha, off Soi 1, Sathorn Tai Road 10120 Bangkok, P.O. Box 1155 Funplu, 10121 Bangkok, Tel: +66 23 03 60579 bangkok-ob@bmaa.gv.at

Honorarkonsulat für Österreich in Phuket

2 Virathongyok Road, M.4, Wichit District 83000 Phuket Tel: +66 76 248 334 -6

Botschaft In Deutschland: The Royal Thai Embassy, Berlin

Lepsiusstr. 64-66, 12163 Berlin, Tel. (030) 79 48 10 Internet: http://www.thaiembassy.de/ general@thaiembassy.de

In der Schweiz: Thailändische Botschaft, Bern

Kirchstraße 56, CH-3097 Bern/Liebefeld, Tel: (031) 970 30 30-34 Internet: http://www.mfa.go.th/ thai.bern@bluewin.ch

In Österreich: Botschaftskanzlei, Wien

Cottagegasse 48 A-1180 Wien Tel: (+43 / 1) 478 33 35, (+43 / 1) 478 27 29, (+43 / 1) 478 27 97

Thailändisch für Touristen

Es ist immer gut, zumindest ein paar Worte zu kennen – und das kommt auch gut an. Es ist bei weitem keine Voraussetzung, aber es verbessert den Kontakt ... und verschafft einem gelegentlich bessere Preise. Mit Englisch kommt man (gerade in Touristenorten wie Khao Lak und Phuket) sehr weit, aber es lohnt sich ein paar Brocken Thai einzustudieren:

Hallo / Guten Tag: sa-wade-krab. (Männer) / sa-wade-ka (Frauen)
Auf Wiedersehen: La gon-krab (Männer) / la gon-ka (Frauen)
Ja: Chai-krab / Chai-ka
Nein: Mai Chai-krab / mai chai-ka
Danke: Kop-kun-krab / kop-kun-ka
Bitte!: Mai ben rai-krab / Mai ben rai -ka
Toilette?: Hong nam?
Was kostet?: Tau tai krab? (Mann), Tau tai-ka? (Frau)
Ich: Phom (Mann), Tschan (Frau)
Ich heiße: Phom tschü (Mann) / Tschan Tschü (Frau)
Ich will zum/nach: Phom bpai-krab / Tschü bpai-ka
Tempel: Wat
Wasserfall: Nahm Dtok
Insel: Ko
Gasse: Soi
Markt: Dtalaad
Meer: Thalee

Platz für eigene Notizen

Impressum

Unter Brieschhalden 24
CH-4132 Muttenz
Schweiz
Ruco.kobi@gmail.com

Ausgabe Mai 2017

Rechtliche Hinweise

Der Inhalt des Buches darf, auch auszugsweise, nicht ohne vorherige Zustimmung des Autors kopiert werden.

Eine Weitergabe oder Weiterverkauf des Buchs ist ohne vorherige Zustimmung des Autors nicht gestattet.

Haftungsausschluss: Die Inhalte wurden sorgfältig recherchiert oder entstammen der eigenen Erfahrung des Autors. Dennoch haftet der Autor nicht für Folgen von Irrtümern, mit denen der Text behaftet sein könnte.

Alle Bilder und Kartenbilder von C. Kobi

Koordinaten mit freundlicher Hilfe von R. Fackler

9433294R00150

Printed in Germany
by Amazon Distribution
GmbH, Leipzig